地域づくり叢書
6

「観光まちづくり」再考
―内発的観光の展開へ向けて―

安福恵美子 編著

左上　公民館活用を考えるワークショップ風景（2章　愛知県豊橋市）
右上　観光ボランティアガイドの案内風景（3章　愛知県豊田市足助地区）
左下　多くの観光客でにぎわう東京ソラマチの入口（5章　東京都墨田区）
右下　熱海駅前平和通り商店街の様子（6章　静岡県熱海市）

古今書院

目　次

序章 ……………………………………………………………………………… 1
　1. はじめに ……………………………………………………………………… 1
　2. 地域に関わる観光形態 ……………………………………………………… 2
　3. 観光まちづくりにおける主体形成 ………………………………………… 3
　4. 観光対象と観光まちづくり空間 …………………………………………… 5
　5. 本書における観光まちづくりへの視点 …………………………………… 7

Ⅰ部　観光まちづくり概論 ………………………………………………………11
第1章　まちづくり思想の歴史的考察 ……………………………………………12
　1. まちづくりの歴史 ……………………………………………………………12
　　（1）まちづくりの定義 ………………………………………………………12
　　（2）まちづくりの画期としての1970年代 …………………………………13
　2. まちづくりの始動（1950年代）～住民自治運動として～ ………………13
　3. まちづくり理念の開花・地域主義の時代（1970年代）
　　　～学びを土台とする総合性・主体性・対抗性～ ………………………15
　　（1）地域主義の理念 …………………………………………………………16
　　（2）地域主義とまちづくり …………………………………………………17
　　（3）小括 ………………………………………………………………………20
　4. まちづくり理念の実践と変質（1980年代以降） …………………………21
　　（1）飯田市のまちづくり ……………………………………………………21
　　（2）特定テーマ追求型まちづくりへの転回 ………………………………24
　5. 現代まちづくりの課題と展望 ………………………………………………25
　　（1）課題 ………………………………………………………………………25
　　　1）総合性の希薄化～共有理念の不在～ …………………………………25
　　　2）住民参加・住民協働の形骸化～無関心層の蔓延～ …………………25
　　　3）主体化（気づき）という学び機能の劣化 ……………………………26
　　　4）自治意識の衰退 …………………………………………………………26
　　　5）地域経営という効率性重視思想の肥大化 ……………………………26
　　（2）展望 ………………………………………………………………………27

第2章　内発的観光まちづくりの仕掛けづくり－人財育成の視点から－ ……32
　1. 観光まちづくりの課題 ……………………………………………………32
　　(1) 観光まちづくりとは…………………………………………………32
　　(2) 人財育成という課題…………………………………………………33
　2. 人財育成と内発的地域発展モデル ………………………………………35
　　(1) 地域のキーパーソン・モデル………………………………………36
　　(2) 場の活性化モデル……………………………………………………38
　　(3) 二段階の気づき
　　　　～内と外の視点の交錯による資源認識のプロセス～……………39
　3. 内発的観光まちづくりの仕掛け …………………………………………43
　　(1) 住民の気づきを誘発する仕掛けの事例……………………………43
　　　1) オンパクの手法……………………………………………………43
　　　2) 生涯学習としての観光まちづくり………………………………44
　　(2) 外部人財の活用………………………………………………………45
　4. 中間支援組織の意義～外部人財による場の活性化に向けて～ ………46

Ⅱ部　中山間地域における観光まちづくり …………………………………53

第3章　足助観光まちづくり再考…………………………………………………54
　1. 足助における観光の展開 …………………………………………………54
　　(1) 観光開発の経緯………………………………………………………54
　　　1) 第一期（観光開発始動期）－戦後～1975年－ …………………55
　　　2) 第二期（第一次総合計画の時期）－1976～85年－ ……………56
　　　3) 第三期（第二次総合計画の時期）－1985～95年－ ……………57
　　　4) 第四期（第三次総合計画の時期）－1996～2004年－ …………58
　　　5) 第五期（豊田市観光基本計画の時期）－2005年～現在－ …… 58
　　(2) 「足助らしさ」の追求と「まちづくり型観光」の創造 …………59
　　　1) 「足助らしさ」の追求と三州足助屋敷……………………………59
　　　2) 「足助らしさ」の発信とまちづくり………………………………61
　2. 足助観光の現状と地域コミュニティ ……………………………………65
　　(1) 香嵐渓・町並み区域におけるイベント観光 ………………………65
　　　1) 香嵐渓観光…………………………………………………………65
　　　2) 町並み観光…………………………………………………………68
　　(2) 「在」からみる観光まちづくり ……………………………………74

         1)「在」における住民活動 …………………………………………………74
         2)「在」の観光まちづくり ……………………………………………………76
    3. 足助観光まちづくりの課題 …………………………………………………79
     (1) 1970年代の提言から再考する足助観光まちづくり ……………………79
         1) 1970年代の提言〜三人の論者の視点から〜………………………79
         2)「在」における現在の観光まちづくりとの交錯 …………………81
     (2) 足助観光の現状から再考する「地域主導型観光」………………………82

 第4章 広域観光と観光まちづくり
      ―大井川流域における流域観光の展開を例に― ………………………92
    1. はじめに ………………………………………………………………………92
    2. 大井川流域の地域資源 ………………………………………………………94
     (1) 自然とそれらが織りなす景観 ……………………………………………94
     (2) 産業施設、産業遺産 ………………………………………………………95
     (3) 街並みと生活景観 …………………………………………………………96
    3. 大井川流域における観光まちづくりの動向 ………………………………97
     (1) 川根本町における地域資源を活用した観光実践の実際 ………………98
     (2) 地域の観光実践における外部人財の役割 ……………………………100
    4. 流域を結ぶ広域観光の可能性とその課題 …………………………………102
     (1) 流域における観光まちづくりのこれから ……………………………102
     (2) 流域を包摂する広域観光に向けての課題 ……………………………103

Ⅲ部 都市における観光まちづくり ……………………………………………107
 第5章 観光開発と観光まちづくり
      ―東京スカイツリーと「国際観光都市すみだ」の展開を例に― ………108
    1. はじめに ……………………………………………………………………108
    2. 都市観光の特色と観光まちづくり …………………………………………110
     (1) 観光対象の多様性 ………………………………………………………110
     (2) 観光消費の多様性 ………………………………………………………111
     (3) 観光空間としての「第三の空間」………………………………………112
    3. 地域における観光対象の生成 ……………………………………………113
    4. 東京スカイツリーと「国際観光都市すみだ」……………………………115
     (1) 東京スカイツリーの計画から竣工まで ………………………………115

(2) 東京スカイツリー建設決定以前における観光まちづくりの動向 … 117
　　　(3) 東京スカイツリー建設決定以後における観光まちづくりの展開 … 119
　　5. 「国際観光都市すみだ」の現在 ………………………………………… 121
　　6. 都市における観光開発と観光まちづくりのゆくえ …………………… 127

Ⅳ部　温泉地における観光まちづくり ……………………………………… 133

第6章　熱海の観光まちづくり再考 ………………………………………… 134
　　1. はじめに ……………………………………………………………………… 134
　　　(1) 熱海温泉の概要 ………………………………………………………… 135
　　　(2) 熱海温泉の歴史的変遷 ………………………………………………… 136
　　2. 旅館事業者が先導したまちづくり ……………………………………… 139
　　　(1) 近代旅行システムを先導 ……………………………………………… 139
　　　(2) 新たなシステムの実験場 ……………………………………………… 140
　　3. マスツーリズムの終焉と地域の変化 …………………………………… 142
　　　(1) 熱海市の人口特徴 ……………………………………………………… 142
　　　(2) 熱海市の新たな観光行政 ……………………………………………… 144
　　4. 市民主導の「暮らしやすい熱海」の模索 ……………………………… 145
　　　(1) 観光振興からシティプロモーションへ ……………………………… 145
　　　(2) 事例：NPO法人 atamista（アタミスタ）の活動 …………………… 146
　　5. まとめ ……………………………………………………………………… 148

終章 ………………………………………………………………………………… 150
索引 ………………………………………………………………………………… 153

　　　　　　　　　　＜掲載写真（提供写真を除く）は、すべて執筆者による撮影＞

序　章

1. はじめに

　地方創生や地域活性化が叫ばれる今日、各地でさかんに行われている地域性を活かすまちづくりの具体的な実践ツールとして観光が注目され、「○○○を活用した（テーマとした）観光まちづくり」など、さまざまな試みがみられる。しかし、人々がレジャーを目的として移動することによって成立する「観光」[1]と、「まち」を「つくる」ことである「まちづくり」[2]はどのような関わりを持つのであろうか。「文字通り"観光"と"まちづくり"の合体した事象」である「観光まちづくり」という用語が意図的に使われだしたのは 21 世紀になってからであり（安村 2006、pp.3-4）、「一方に地域振興を射程に置く新しい観光開発の流れが生まれ、もう一方には観光を積極的に活用する新しい地域振興の流れが生まれ、そしてその両方が歩み寄って合流するのが"観光まちづくり"」（p.57）であるといわれる。

　このように、二つの新しい動向が同時期に現れて合体した事象であるという観光まちづくりを地域振興策の目玉として掲げる地域（自治体）が多いが、近年の傾向としては、まちづくりというよりは観光振興に主眼が置かれ、地域の「観光地化」を目指す動きが活発化しているように見受けられる。観光振興を積極的に推進する自治体において、その説明に必ずと言っていいほど登場するのが、少子高齢化による人口減少解決策としての（観光）交流人口の拡大である。この場合の「交流人口」とは、文字通りの「交流」という意味ではなく、集客を意味することが多い。そのため、いかに誘客できる人気スポットを有する地域となれるかという観光戦略に力が注がれることによって、観光まちづくりを目指す地域全体があたかも巨大な「観光産業」[3]と化し、住民すべてが「おもてなし」要員となることを期待されているかのようにみえる地域もある。こ

のような「観光地化」が積極的に進められる地域においては、「観光」と「まちづくり」の接点が見えにくくなっていることが多い。

そこで、本書では、「まちづくり」の理念を整理するとともに、事例をもとに、「観光」と「まちづくり」という二つの異なる事象の合体プロセスに注目し、そこに存在するさまざまな課題について考えてみたい。そのため、本章では、異なる立場（主体）によって捉え方が異なり、重層的な構造を持つ観光の特徴を、まちづくりに関わると思われる点を抽出することによって概観する。

2. 地域に関わる観光形態

広く世界をみると、地域（地域社会・地域コミュニティ）と関わる観光形態を示すさまざまな用語がこれまで登場してきたが、その背景にはマスツーリズムの存在がある。大量化により効率を重視したマスツーリズムは、受け入れ側の地域社会・地域コミュニティに与える負の社会・文化的影響のゆえに批判の対象となってきた。そのため、世界中で展開されてきた観光開発の多くがマスツーリズムに対応したものであったことへの反省から、1990年代に入り、環境への関心が世界的に高まるなか、環境に配慮した観光開発が求められるようになる。そして、観光者・来訪者の目的地となる地域の資源保全を意識した新しい観光のありかたを示す用語がつぎつぎと登場する。それは、「オールタナティブ・ツーリズム」（「もう一つの（代替の）観光」）、「ソフト・ツーリズム」（「ローカル・レベル・ツーリズム」とも呼ばれる）、「エコツーリズム」、「グリーン・ツーリズム」、「自然観光」、「文化観光」、「ヘリテージ・ツーリズム」（「遺産観光」）などであるが、消費型マスツーリズムに対峙する観光形態の概念として広く使われているのが「持続可能な観光（サスティナブル・ツーリズム）」であろう。

日本においては、観光庁が地域活性化につながる観光形態を「ニューツーリズム」と呼び、活用される観光資源に応じて「エコツーリズム」、「グリーンツーリズム」、「ヘルスツーリズム」、「産業観光」等を挙げている[4]。そのため、これらの用語が、地域振興あるいは地域活性化に関わる観光形態として一般的に広く使用されているようである。

では、これらの観光形態は観光まちづくりとどのような関わりを持つのであろうか。たとえば、さまざまな地域において地域振興と結びついて展開されているエコツーリズムについては、この用語が登場した当初は（なかには現在も）、「エコ」という言葉に対する関心の高さから、単に他の観光商品と区別する（差異化する）商品として使用され、エコツーリズムの理念と実践において大きなギャップがみられることもあった（ある）。しかしながら、エコツーリズムを観光現象としてではなく、持続可能な地域を創造する構造変化として評価し、環境保全や地域振興が実現していく契機をつくり出すこととして捉える考え方（敷田・森重 2001）からは、観光とまちづくり（地域づくり）の接点を見出すことができるであろう。

3. 観光まちづくりにおける主体形成

　日本では、1980 年に、地域と観光に関する論述において、「まちづくり型観光」という表現が登場しているが [5]、近年、「観光」と「まちづくり」が接近したものとして多くの地域において注目を集めているのが、いわゆる「着地型観光」であろう [6][7]。観光庁は、「着地型観光」をつぎのように説明している。「旅行者を受け入れる側の地域（着地）側が、その地域でおすすめの観光資源を基にした旅行商品や体験プログラムを企画・運営する形態を「着地型観光」と言います。独自性が高く、ニューツーリズムを始めとして、その地域ならではのさまざまな体験ができることから、各地域の魅力を味わう上でオススメです。」[8]。
　観光需要の拡大（新たな旅行需要の創出やこれによる地域活性化）を図る方策の一つとして、旅行業法の改正（2007 年）によって「着地型観光」組織の開業が拡大したことに加え [9]、市場拡大のための重要な要因であるインターネットの普及は、消費者（観光者）の「着地型」旅行商品購入を身近なものにした。このような流れのなかで、さまざまな地域において、地域資源（自然、文化、農林水産物など）の堀りおこしと、地域資源を活用した「体験型」や「交流型」旅行商品の創出が促進されている。
　「地域が主役のツーリズム」[10] などと表現される「着地型観光」については、

成功事例のみが注目される傾向にあるが、この用語を使用する側が意図するのは、「発地」ではなく「着地」側が主体となる観光のありかたであろう。しかしながら、「着地型観光」を即、観光まちづくり（あるいは、まちづくり）と結びつけてよいかについては、「着地型観光」に関するこのような説明だけでは不十分であろう。「着地型観光」は「コミュニティ・ベースド・ツーリズム」（Community Based Tourism）[11]と呼ばれることもあるが、仮に、これが「着地型観光」の英訳であるとするならば、「着地型観光」は地域コミュニティが主体でなければならない。しかし、近年、地域活性化の成功例として示されている「着地型観光」の主たる担い手は「観光業関係者」が多いことから、地域コミュニティや地域住民の関わりが見えにくいように思われる[12]。

　観光活動は、「観光という場を提供する側（サービスを提供する側）」と「観光する側（観光者、来訪者など）」の二つに大きく分類されることが多いが、「着地型観光」における「地域住民」とはどのような住民を指すのであろうか。「発地」側が中心となる、いわゆるマスツーリズムと呼ばれる観光形態においては、観光によって利益（おもに経済的）を得る者と得ない者との立場の違いは、観光活動が活発化するに従い、地域におけるコンフリクトとしてこれまで多くの事例研究によって示されてきた。では、「着地型観光」においては、観光の担い手ではない地域住民は観光に対してどのように関わっているのであろうか。

　観光はさまざまな要素（観光者・来訪者、観光事業者（観光関連産業従事者）、国・地方自治体、観光推進機関、民間団体、非営利団体、地域住民、研究者、コンサルタント、ボランティア、メディアなど）によって構成され、観光形態の特性に応じて各要素の関わりかたは異なる。「着地型観光」振興に力を入れることによって活性化を目指す地域においては、「地域住民」の参加（関わり）が重要と強調されるなかで、多くの場合、「地域住民」は一括りとして示されている。しかし、一言で「地域住民」といっても、観光に関わる活動に対してはさまざまな価値観や利害関係を持つ人々がいることから、その捉え方も一様ではない。

　では、観光まちづくりの主体形成はどのように行われればよいのであろうか。「街路や公園、建物といったハード面の施策だけではなく、社会、経済、文化、

循環等、生活に関わるあらゆる要素を含めた暮らしそのものを豊かにすることを目標とした活動」をまちづくりと捉える視点からは、文化資源を活かした地域活性化のダイナミズムの生成にとって、まちづくりの初期段階から多様なセクターが参画し、地域資源の選択やコンセプトの形成についての議論の場を設けることによって共感を生み出すことや、主体間を繋ぐネットワークと外部との開かれた交流によりさらに連携と主体が拡大することが挙げられている（たとえば狭間 2013）。

地域活性化を目指した観光まちづくりにおいて、住民が地域の観光活動に関わる例として取り上げられることが多いのが、観光ボランティアガイドの活動である。しかしながら、「ボランティア」といっても、所属団体によっては「観光業」従事者の分類に入るような「地域住民」もいるなど、観光ボランティアガイド団体会員である住民の観光まちづくりへの関わりかたもさまざまである[13]。さらに、観光まちづくりの主体形成において重要な役割を担っているのが、「地域」外からの人々（「外部サポート」）であるが（前述の観光ボランティアガイド活動においても、地域外居住者が来訪者の案内をする事例もみられる）、来訪者に向けた活動である観光には、地域外からの視点も重要となることから外部サポートが観光振興において重要な役割を果たしている地域も多い。

4. 観光対象と観光まちづくり空間

地域によって異なる観光まちづくりの主体形成について考えるにあたり重要なのが、観光対象（観光資源）を中心として観光が展開する空間範域である。それは、観光空間によって観光という活動に関わる主体構成が異なるからである。

観光まちづくりについては、「地域資源活用による地域活性化」などのように、「地域」という言葉が多用されるが、「物理的・社会的な空間のまとまりを示す言葉」（藤井 2008、p.11）であり、その「言葉が内包する意味内容も、空間範域も、人によって、文脈によって、じつにさまざま」（森岡 2008、p.i）といわれる「地域」は、有料テーマパークのように囲まれ、閉じられている空間ではない。では、「地

域」における観光まちづくりは、その実践空間範域をどのように考えればよいのであろうか。

　「地域」資源が「観光」資源となることにより、地域における観光という空間が成立することから、地域における観光対象（観光資源）は、人々を集めることによって観光という活動を成立させる（生成する）。そのため、「地域」における観光空間は、観光対象の創出（生成）プロセスに関わるさまざまな主体の関係性によって定めることができる。観光対象は観光者・来訪者をそれが存在する場所へ向かわせるという行為を生じさせる資源であるとともに、見知らぬ者同士の対面的接触のための物理的空間範域を定める。

　一般的に、観光対象は、地理的に見た場合、比較的狭い範囲に限定される単位であるが、観光という活動が生成される空間は個々の観光対象を含む、より大きな空間範域を指し、そこには観光者・来訪者のためのサービスも含まれる（ボランティアガイドの活動はこれに当たる）。そのため、観光対象は、自然環境や人工的建造物などといった全く異なるものであっても、主となるその存在が人々の来訪目的地の開発を促すことから、サポート・サービス、宿泊・飲食施設、交通システムなどと明確に区別できないという特徴を持つ（観光者・来訪者用のサポート・サービスや施設のなかにはそれ自体が観光対象となるものがある）。

　観光まちづくり空間は、一般的には行政単位としての空間として捉えられる。しかし、自治体（県・市・郡・町・村）の境界を越えて存在する地域資源（たとえば、山・川・海など）が観光者・来訪者の対象となるとき、観光まちづくり空間範域は行政単位とは異なる場合もある。さらに、都市といわれる空間においては、その構造の複雑性から、いわゆる「ホスト（地域住民）とゲスト（観光者・来訪者）」、「見知らぬ者と知り合いの者」、「サービスを提供する側とサービスを提供される側」というような二項的なカテゴリーが比較的明確ではない場合が多い。そのため、変化が激しい都市（とくに大都市）においては、時間という要因が同じ空間における活動の主体や、日常・非日常、労働と余暇などの相違を転換させることから[14]、観光まちづくりにおける観光対象の創出（生成）における主体の多様な関わりかたが考えられる。しかしながら、観光対象

の特性が全く異なる空間であっても、観光まちづくりにおいて重要なのは、地域資源が観光対象（観光資源）として変換され、価値付与が行われるその創出（生成）プロセスであり、そこにおける地域住民の関わりであろう。

5. 本書における観光まちづくりへの視点

　本書は、大きく三部から構成されている。まず、Ⅰ部では、「まちづくり」という概念について整理するとともに、観光まちづくりの仕掛けづくりを人財育成の視点から考察する。そして、Ⅰ部における論考をもとに、Ⅱ部からは、観光まちづくり空間を観光対象の創出（生成）プロセスにより異なる特性によって、中山間地域（Ⅱ部）、都市（Ⅲ部）、温泉地（Ⅳ部）に分ける。そして、事例研究から観光まちづくりの現状およびその課題を示すことにより観光まちづくりを再考する。その際、観光まちづくり空間を、一般的に使用されている「観光地」と区別するために、観光まちづくりの「場」という概念をもとに考察する[15]。観光まちづくりが行われる「場」のなかには、「観光地」と呼ばれる空間も含まれるが、観光まちづくりにおいては、「観光地」に居住していても観光業に携わらない地域住民が「場」の生成主体として重要であると考えるからである。

　本書における観光まちづくりへ向けた視点は、内発的発展の理論（鶴見1996、保母1996など）をもとにしていることから、目指す観光のありかたを内発的観光と呼ぶこととする[16]。内発的発展の理念とは、西欧社会における発展を基準にした近代化論に対するものとして、地域の特性に応じた（それぞれの地域の文化（伝統）や生態系に根ざした）発展の推進に向けて提唱されてきた地域発展モデル（環境保全や住民自治などを含む総合的な地域発展）である[17]。そのため、本書は、「観光」と「まちづくり」が合体した観光まちづくりの合体プロセスに焦点を当てることによって、内発的観光の可能性を探ることを目的とする。

（安福　恵美子）

【注】
(1) 観光をする人の定義は、機関・研究者などによってさまざまであるが、国土交通省観光庁による「旅行・観光産業の経済効果に関する調査研究」では、日常生活圏外に出る個人を観光客（観光客は旅行者の一部）として統計を示しており、ここにおける日常生活圏外としては、所要時間（移動時間と滞在時間の合計）が8時間以上、または片道の移動距離が80 km以上の旅行（宿泊を伴う場合はすべて日常生活圏外とする）、とされている（国土交通省観光庁（2015）「旅行・観光産業の経済効果に関する調査研究」p.261）。
(2) 「まちづくり」という用語・概念については、第1章1節を参照。
(3) 日本標準産業分類において、「観光産業」という区分は存在しないが、ここでは、観光に関わる複合産業（観光関連産業）として使用する。
(4) 観光庁は、「従来の物見遊山的な観光旅行」に対する「ニューツーリズム」について、「地域の特性を活かし、かつ多様化する旅行者のニーズに即した観光を提供するニューツーリズムの振興を図っています」と述べている（観光庁ホームページ「ニューツーリズムの振興」より）。
(5) 「観光というものは、人里離れた特異な大自然を除いて、多かれ少なかれ「まちづくり型観光」でなければならないことになる」（猪爪1980、p.18）。
(6) 地域が主体的に観光振興を行なっていく観光のあり方については、「地域ツーリズム」という用語が使用されることもある。
(7) 「着地型観光」という用語を比較的早く使い始めたのは地方自治体であり（2003～2004年頃から）、「地域づくりの最前線に立つ自治体の地域振興や産業振興部門が、着地型観光を地域づくりのキーワードとして、地域政策に盛り込み始めた」という（尾家・金井2008、p.2）。
(8) 観光庁ホームページ「政策について」のなかの「「着地型観光」とは」より。
(9) これは、「地元の観光魅力を熟知した中小の観光関係者が主体となった創意工夫に満ちた旅行商品の創出を促す観点から、一定条件下で第3種旅行業者も募集型企画旅行が実施できるようにするため」であったという（国土交通省総合政策局観光事業課（2007）「第3種旅行業務の範囲の拡大について～旅行商品新時代と国内旅行の活性化に向けて～」p.4）。
(10) 『これでわかる！着地型観光 地域が主役のツーリズム』（2008）のタイトルより。
(11) 『コミュニティ・ベースド・ツーリズム』（小林ほか2010）「はじめに」においては、「コミュニティが主体的に観光振興を行っていくあり方」、あるいは「地域コミュニティがしっかりとした自律性を持って観光振興に取り組んでいく」と表現されている。
(12) 「着地型観光」の担い手については、つぎのような説明がみられる。「着地型観光を推進する組織」の定義として、広義には、「地域が主体的に経営する地域資

源を活用した地域発着の観光商品を造成・開発・販売・運営する組織のこと」、そして狭義には、「2007年、国土交通省が旅行業法を改正して「旅行業 3 種旅行業特約制度」を導入したことが契機となって各地の観光協会、街づくり会社、旅館組合等が主体となって旅行会社法人化した組織のこと」という（近藤 2014、p.30）。
(13) たとえば、安福（2014）を参照。
(14) 注（1）によって示した、観光する人に関する統計には、このような動きは入らないことになる。
(15) 「場」の概念については、伊丹敬之（1999・2005）によるが、詳しくは第 2 章 2 節 2 項を参照。
(16) 地域の自律性という点から観光のありかたを考える視点からは「自律的観光」という用語が示されている（石森 2001）。
(17) 第 2 章 2 節を参照。

【参考文献】
石森秀三（2001）「内発的観光開発と自律的観光」石森秀三・西山徳明共編『ヘリテージ・ツーリズムの総合的研究』国立民族学博物館調査報告 21、pp.5-19。
伊丹敬之（1999）『場のマネジメント』NTT 出版。
伊丹敬之（2005）『場の論理とマネジメント』東洋経済新報社。
猪爪範子（1980）「地域と観光　－トータル・システムとしてのあり方を問う」『月刊観光』「観光開発の新方向」1 月号、pp.17-18。
尾家建生・金井萬造編著（2008）『これでわかる！ 着地型観光 地域が主役のツーリズム』学芸出版社。
観光庁観光地域振興部観光資源課（2012）「着地型旅行市場現状調査報告」（平成 24 年 2 月）。
国土交通省（2006）「観光立国推進基本法」（平成 18 年 12 月 20 日法律第 117 号）。
国土交通省観光庁（2015）「旅行・観光産業の経済効果に関する調査研究」。
国土交通省総合政策局観光事業課（2007）「第 3 種旅行業務の範囲の拡大について～旅行商品新時代と国内旅行の活性化に向けて～」（平成 19 年 4 月）。
小林英俊・緒川弘孝・山村高淑・石森秀三編（2010）『コミュニティ・ベースド・ツーリズム～世界の実践事例に学ぶ成功の鍵～』財団法人日本交通公社。
近藤政幸（2014）「地域振興に資するサスティナブルな着地型観光組織の分類論」『創造都市研究 e』（大阪市立大学大学院創造都市研究科電子ジャーナル）9 巻 1 号、pp.28-44。
敷田麻美・森重昌之（2001）「エコツーリズムによる地域の持続的発展の可能性－石川県白山麓のケーススタディから見た「環境に優しい観光」」『環境経済・政策学

会年報』(経済発展と環境保全)第6号、pp.200-215。
鶴見和子(1996)『内発的発展論の展開』筑摩書房。
寺村安道(2009)「地域観光と地域振興－観光ボランティアガイド組織の活動事例から観光まちづくりを考える－」RPSPP Discussion Paper No.12。
土肥健夫(2008)『地域資源活用マニュアル』同友館。
藤井正(2008)「「地域」という考え方」『地域政策入門』ミネルヴァ書房、pp.10-20。
狭間惠三子(2013)「文化資源と地域活性化に関する研究 －文化の公共性と外部性に着目して」大阪市立大学大学院創造都市研究科博士学位論文。
保母武彦(1996)『内発的発展論と日本の農山村』岩波書店。
宮本憲一(2007)『環境経済学 新版』岩波書店。
森岡清志編(2008)『地域の社会学』有斐閣。
安福恵美子(2000)「ソフト・ツーリズム」石原照敏・吉兼秀夫・安福恵美子編著『新しい観光と地域社会』古今書院。
安福恵美子(2006)『ツーリズムと文化体験 －＜場＞のマネジメントをめぐって－』流通経済大学出版会。
安福恵美子(2012)「観光という場が生み出すダイナミズム」『年報・中部の経済と社会 2012年度版 特集・地域創造としての観光』愛知大学中部地方産業研究所、pp.3-14。
安福恵美子(2014)「地域資源と「観光ボランティアガイド」の関係性に関する一考察」『綜合郷土研究所紀要』(愛知大学綜合郷土研究所)59、pp.101-114。
安村克己(2006)『観光まちづくりの力学 －観光と地域の社会学的研究』学文社。

【参考資料】
観光庁ホームページ「「着地型観光」とは」(http://www.mlit.go.jp/kankocho/ko/shisaku/kankochi/chakuchigata.html2014/1/31)。
観光庁ホームページ「ニューツーリズムの振興」(http://www.mlit.go.jp/kankocho/page05_000044.html2015/1/25)。
観光庁ホームページ「政策について」(http://www.mlit.go.jp/kankocho/ko/shisaku/kankochi/chakuchigata.html2014/1/31)。

Ⅰ部　観光まちづくり概論

第1章　まちづくり思想の歴史的考察

1. まちづくりの歴史

(1) まちづくりの定義

　まちづくりとは特殊日本的な用語、概念である。
　都市計画学者の西村幸夫は、「わたしたちの共通の家」を「整理」し「掃除」するという喩えを用いて、まちづくりを次のように定義している[1]。

　まちづくりとは、地域に居住する人々のある一定の規模のまとまった集団が、その地域（その区域の切り方は問題によってさまざまであるだろう）を「わたしたちの共通の家」のように見なし、家の整理や掃除をするようにその環境（のある側面）に介入していくことから出発する動きである（丸括弧内は原文）。

　簡単なようでわかりにくい説明かもしれない。「まちづくり」の定義がわかりにくい理由はいくつかある。まず都市計画（Urban Planning）とは異なり、計画概念が前面に出ているわけではない。しかもまちづくりは都市エリアに限らない。「まち」とは人びとの暮らしの場としての地域コミュニティを指し（その区域の自在性は上記の定義でもふれられている）、また「づくり」とはその語感にもかかわらず一過的な建設ではない。「家の掃除」を頻繁に行うように、人びとが地域コミュニティに頻繁に関わり、人びとの暮らしやすさを向上させるための、労力と時間をかけた継続的な取り組み（運動）だといえるだろう[2]。
　したがって、「〔日本語のこうしたまちづくりの〕ニュアンスのすべてを含む概念として「まちづくり」を英語で正確に表現しようとすると、MACHIZUKURI とよぶしかない」[3]（亀甲括弧内は筆者。以下同様）とさえいわれるのである。それでは、こうした意味でのまちづくりは、いつわが国に登

場したのだろうか。

(2) まちづくりの画期としての 1970 年代

　社会学者・似田貝香門によると、まちづくりの画期は 1970 年代であるとされる[4]。似田貝はその理由を「生成性の原理」に求めている。すなわち 70 年代は、都市三法（都市計画法、建築基準法、都市再開発法）を通して上から地域を画一化させる権力に対して、住民主導による下からの生活秩序形成という対抗力（＝「生成性の原理」）が発揮された時期だからである。似田貝はこの両者の相互浸透の中にまちづくりの画期を見出した。

　筆者も同様に 1970 年代をまちづくりの画期と見ており、本章の考察の重点もここにある。以下、本章では、まちづくりの歴史を三期に分けて考察する。

　第一期：1950 年代。まちづくりという用語が初めて登場した時期である。
　第二期：1970 年代。とくにこの時期影響力をもった「地域主義」という思想とまちづくり運動の関連を詳細に検討する。
　第三期：1980 年代以降～現代。70 年代の理念を体現したまちづくりの実際と、その後現在に至るまちづくりの変化を確認する。

　そのうえで最後に総括として、現代まちづくりの課題と展望を提示したい。

2. まちづくりの始動（1950 年代）～住民自治運動として～

　アジア・太平洋戦争の敗戦は、わが国の法・制度的な仕組みの根本的な変革にとどまらず、日本人の意識・価値観を反転させ、また生活様式にも近代化・民主化を迫ることになった。1950 年段階では人口 1 万人未満の農村人口は 3800 万人を超え、全人口の 5 割近くが郡部に居住する農村社会であった[5]。この時期、喫緊の課題だったのは個別の暮らしの近代化であった（農村生活の近代化）。かまど・台所改善、農繁期共同炊事、栄養改善、公衆衛生の普及、冠婚葬祭の簡素化など、大正期以来推奨されてきた運動の全国展開が行われた（生活改善運動、新生活運動）[6]。

　こうしたなか、西洋史学者・増田四郎が「都市自治の一つの問題点」という論文[7]で「町づくり」という用語をわが国で初めて使用したといわれる[8]。

増田はいわば近代化論にたって、西洋では「「公共世界」への奉仕」「自助と自衛自警の精神」が根付き、「「国民」という考えとは別個な、全く身についた協同体即ちコミュニティーの精神」がある。この精神からわが国の遅れたコミュニティのありかたを批判したのである。人口 10 万人程度の都市を適正規模と想定し、「都市自治の完成」をもって「「新しい町つくり」の方向」だと考えた。増田はその後 1970 年代の地域主義においても主要な論者として登場するのだが、さしあたりまちづくりを住民自治（都市自治）として提起したことを指摘しておきたい。

　こうした西洋に範をとる規範的な提言が、戦後の民主化の過程で、都市住民の間で実践されたケースがある。たとえば（農村）社会運動家・浪江虔は、1950 年代に「町づくり村づくり」運動を指導していたが、それは「地方自治体の民主化」[(9)]を意味していた。浪江は東京都国立町（現国立市）の主婦がまちづくりを担った運動を紹介する[(10)]。それは「パンパンホテル」を建設しようと推し進める町の有力者に反対し、主婦たちが文教地区にしようとする署名運動を起こし、見事に勝利したことから彼女たちが目覚めたという事例である（1952 年「文教地区建設条例」施行）。その後彼女たちは、町財政の勉強会を通した「予算のムダ探し」パンフレットの作成という、今日でいう市民オンブズマンの役割を果たす運動を推し進めたという。「地方自治体の民主化」とは、「わたしたちの共通の家」を自分たちで維持管理するという住民自治であり、これこそこの時期の「新しい町つくり」にほかならない。

　法・制度的にみれば、1950 年代は大正期 1919 年に制定された旧都市計画法がまだ機能しており（新都市

写真 1　国立市の「文教地区」の看板

計画法の制定は 68 年、施行が 69 年)、戦後 1947 年に制定された地方自治法に期待を寄せていた時期でもある (99 年に大規模な改正が実施され 2000 年に施行)。また 1950 年の国土総合開発法に基づき全国各地で工業化路線を主軸とする地域開発が活発化し、まさに高度経済成長に突入した時期でもあった。

3. まちづくり理念の開花・地域主義の時代 (1970 年代)
　　　　～学びを土台とする総合性・主体性・対抗性～

　高度経済成長 (1955 〜 73 年) は負の遺産も各地にもたらした。公害に代表される開発の裏面である。1970 年代には、町並み保存運動や神戸市真野地区の住環境改善運動のように、開発・経済成長路線への対抗として、人びとの暮らしの視点からまちづくり運動が立ち現れてきた。その一方で、すでに 60 年代より過疎化に直面した地域の中には、特産品開発を通してまちづくり運動を進める取り組みもあった。北海道池田町の十勝ワイン生産や、大分県大山町 (現日田市) の NPC 運動 (「梅栗植えてハワイに行こう」を合言葉にしたコミュニティづくり。梅ハニージュースや栗の甘露煮などの特産品を開発した。) などである。

　1970 年代には、こうした内から・下からの、人びとのリアルな暮らしに足場をおく運動が盛り上がってきた。1975 年 11 月、「地域社会研究会」[11] 主催の「まちづくり全国シンポジウム」(以下、「まち全国シンポ」と略す) が池田町で実施されたのも、当時の時代状況を受けてのことだった。このシンポジウムは「地域における生活と文化の再生」を統一テーマに掲げ、全国から自治体職員、研究者、団体職員、まちづくり関係者ら 60 名以上が集まって 3 日間にわたる情報交換・意見交換を実施している。これ以降もまち全国シンポは継続され、あるいは形を変えて地方で実施された (表 1 参照)。

　それでは、まち全国シンポで共有された、まちづくり理念の本質とは一体何だったのか。ここでは地域主義との関連から整理してみたい。

(1) 地域主義の理念

　1976年9月、経済学者（経済学史）の玉野井芳郎らが「地域主義研究集談会」を立ち上げた（表1参照）。玉野井はすでに1970年代初めより、資本主義、社会主義両体制貫通的な生産力至上主義的な工業化社会への批判を強め、エコシステムをも内包した新たな経済学の必要性を「広義の経済学」として主張していた（『エコノミーとエコロジー』1978年）。また玉野井は第2回まち全国シンポ（湯布院シンポ）への参加をはじめ、いくつかのまちづくり運動にも関わった。その他の地域主義研究集談会のメンバーも同様であり、地域主義思想とまちづくり運動とは重なり合っていた。

表1　まちづくりと地域主義に関するシンポジウム（年号はすべて西暦）

「まちづくりシンポジウム」（「地域社会研究会」主催による）
第1回（池田町、75年11月、参加者約60名）、第2回（湯布院町、76年7月、参加者約160名）第3回（隠岐、77年11月、参加者数不明）
沖縄シマおこし研究交流会議（第1回＝79年1月、参加者45名、第2回＝79年11月第3回＝80年11月、第4回＝81年11月、第5回＝83年1月、第6回＝83年11月）
地域シンポ（松山市71年1月、飯田市77年5月、村上市79年5月、秩父市80年、遠野市81年7月茂木町81年1月、高松市81〜87年、内子町86年10月）
「地域主義研究集談会」（注1）の地方における交流集会
第1回東京、第2回京都、第3回熊本、第4回青森（77年10月、参加者約300名）第5回松本（78年8月、参加者約150名）、第6回備北（79年9月）

（注1）1976年9月25日、古島敏雄（農業史）、河野健二（西洋経済史）、玉野井芳郎（経済学史）、増田四郎（西洋中世史）の4人の研究者が発起人となって設置された研究会。東京等で毎月例会を開いた。既存の学問領域を超えた学際的な研究会であったという（増田四郎『地域の思想』（筑摩書房、1980年）36頁）。
（資料）岡崎昌之「地域の再生－まちづくりの15年」①〜④（『The まちづくり View』第1〜4号、1988〜89年）、玉野井芳郎「地域主義集談会」『地域主義の思想』（農文協、1979年）、青木孝寿「「地域主義」研究集談会松本大会」『地方史研究』第156号（1978年12月）より作成。

　さて、玉野井は自らの地域主義を「内発的地域主義」と呼び、以下のように定義している[12]。

　地域に生きる生活者たちがその自然・歴史・風土を背景に、その地域社会または地域の共同体にたいして一体感をもち、経済的自立性をふまえて、みずからの政治的・行政的自律性と文化的独自性を追求することをいう。

ポイントをまとめれば、①生活者中心（当事者主権）、②地域の総合的把握（自然、歴史、経済、政治・行政、文化）、③経済的自立（大資本への非依存）、④政治的・行政的自律（国家・中央への非従属）、⑤地域の個性の尊重（地域アイデンティティの確保）ということだろう。

地域主義とまちづくりの関係について、玉野井の主張はかなり抽象的・理念的であり、現場のまちづくり関係者にどれほど共感されたかはわからない[13]。しかしながら、地域主義を基軸に据えたまちづくり運動は、マニュアルに基づいて政策メニューを選択し実践するという類のものではない。そして上記5ポイントを実現するには、教育機能がきわめて重要だった。

この点は、同じく1970年代に長野県の遠山郷で柳田国男を参照軸として、地域に学ぶ「遠山常民大学」を始めた政治思想史学者・後藤総一郎が特筆に値するだろう。後藤は故郷の『南信濃村史　遠山』の編纂・発刊をきっかけに、村民とともに村の歴史を学ぶ勉強会を始めた（1977年）。この勉強会のモットーは、「①身銭主義による自己教育の実践を貫くこと」「②主体性と内発性にもとづく「大学」への参加」「③長期展望による大学構想」「④良識ある、縦断的世代構成による運営委員会の組織化」であった[14]。村に足場を置きつつ、時間軸（歴史）の学びを通して、いま・ここの相対化をねらう（村人の立ち位置を確認する）哲学的な学びであった。飯田や浜松、立川などにも「常民大学」は広がりをみせ[15]、ここに集った人びとは、地域主義や前述したまちづくり運動と人的にも思想的にも重なりをもちつつ、実際のまちづくりも現実化させた（後述）。

(2) 地域主義とまちづくり

それではもう少し具体的に、地域主義がどのようにまちづくり現場の人びとに受容されたのかを見ておこう。その一つの典型例が、1976年7月に大分県湯布院町（現由布市）で開かれた第2回まち全国シンポであった[16]。行政主導だった池田町のまち全国シンポに対し、湯布院シンポは民間主導で進められた。1970年に設立されていた民間の「明日の湯布院を考える会」が主導し、事前討議を7回にわたって実施、その内容は機関誌『花水期』復刊第1号としてシンポ当日参加者に配布された。全体テーマは「この町に子どもは残るか」。

18　Ⅰ．観光まちづくり概論

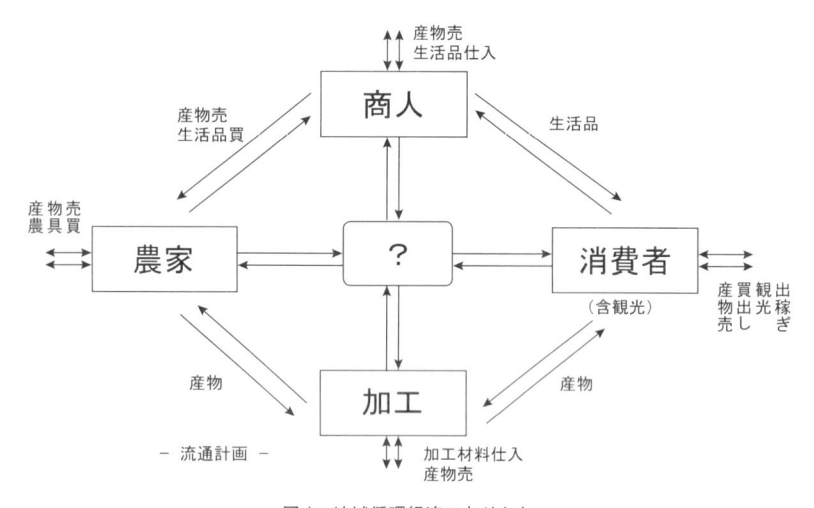

図1　地域循環経済のありかた
(出典)『地域開発』1977 年 1 月、p.23。

分科会として、「よりあい討論」が7テーマに分かれて行われた（A「湯布院で生活するために必要な技術や文化を学ぶ学校や工房を創ろう」、B「気持ちの通じ合う暮しの場としてのムラを考えよう」、C「湯布院の暮しと観光をどう組み合わせるか」、D「農業じゃ食

写真2　由布院駅より伸びる駅前通りと由布岳

えんという説を打ちくだいてみよう」、E「湯布院の産物を湯布院人が消化する方法」、F「女性の問題を一緒に考えよう」、G「地方行政と住民参加について」）。
　これらを象徴するのが、同シンポで掲げられた図1である。モノ・カネ・ヒトの地域内循環をいかに構築するかという模式図であるが、真ん中がクエスチョンマークになっている。地域内経済主体の連関を作り出すには、市場経済

の論理では不可能である。「技術や文化を学ぶ学校や工房」「暮らしの場としてのムラ」「住民参加」などの総合的な視点から、市場経済の論理を超えなければならない。そうした根本の理念（＝地域主義）、あるいはその理念を体現する組織体が、おそらくクエスチョンマークであろう。地域主義は理念を提示し、その理念を地域の特性に応じて現実化していった運動が、1970年代に盛んになったまちづくりであった。

両者のより具体的な関係については、日本経済新聞記者・亀地宏が現場の視点から明瞭に説明している[17]。「地域主義とは地方の側が、あるいは個々の地域が、創意と工夫に満ちたさまざまな運動を積み重ね、それを通じて、地方と中央の関係を問い直し、少しずつ中央の地方に対するコントロールを弱め、従来の政策決定パターンの変革を迫っていこうと」するものである。すなわち実際に国を動かした多様なまちづくり運動の事例－旭川市の歩行者天国、三鷹市の複合コミュニティセンター、町田市の車椅子で歩けるまちづくり、京都市の市街地景観条例などーを挙げ、中央支配を無化する地域主義の実践としてまちづくりを捉えている。こうした動きは、シンポジウムや視察を通して人びとの交流が生まれ、情報が交換され、理念の共振を呼び起こして全国に浸透した。だから地域主義とは「国に対し

写真3　三鷹駅前コミュニティセンター
三鷹市に7つあるコミセンの1つである

写真4　町田市商店街風景
1970年東京都で初めて歩行者天国を実施

て癒着もしなければ、正面衝突もまたしていない。ごく淡々と、地域を大事にする施策を積み重ね、一歩一歩、地方の時代に接近していく、そういう思想なのである」。こうした現場主義的な考え方こそまちづくり運動を支えていたといえる。

(3) 小括

あらためて1970年代に提起されたまちづくりの理念を三点にまとめてみよう。

第一に、総合性である。まちづくりとは暮らしに即した運動であり、自然・経済・文化の総合的な保護・育成運動であろうとした。たとえば湯布院シンポのテーマ「この町に子どもは残るか」をめぐっても、「よりあい討論会」の7テーマに象徴されるように、単に企業誘致という雇用確保にとどまるのではなく、文化や学び（学校）、ムラ（コミュニティ）、観光、農業、地域経済の循環、女性、自治と幅広く、暮らしの総合性の視角からまちづくりを捉えようとしていた。

第二に、主体性である。すでに1950年代から住民自治における学びの重要性が指摘されていた（前述の浪江虔は図書館運動を進めている）。70年代に顕著になったこの学びの延長線上に今日の地域学（地元学）がある。ノウハウや技術の短期的取得ではなく、それを支える背景知（歴史や文化など）の体得も含めて、総合的・根本的な哲学的な学びを重視している。いま・ここに立ち、地域で暮らす自分の位置を把握すること。こうして、まちづくり運動を通して主体性の獲得が目指された。

第三に、中央（国）や資本（経済）への対抗性である。この点は過疎化が全国に先駆けて進んだ中国地方が典型で、1976年に島根県農協大会で決議された「イナカ再建運動」[18]や1982年の「過疎を逆手に取る会」（代表：安藤周二）の結成に典型的に表れている。近年地域再生の先進地として取り上げられる機会の多い中国山地だが[19]、じつは数十年に及ぶこうした理念と運動の地下水脈があったことを忘れてはならない。ただしこの対抗性は単純な「反」ではない。むしろ地域の内発的再生を通して現状の中央－地方関係の修正、市場経済社会の組み直しを提起していたのである（前述した亀地の議論を参照）。湯布院のまちづくりリーダーの一人・溝口薫平は「〔自分たちより下の世代を〕東京に行かせることを心がけている。生の文化にふれた子どもたちが、新しい血

をこの湯布院にもち込むことを期待するのだ」という。「そこには東京と地方とが対立し反比例するといった感覚はない」とある論者は説明している[20]。

4. まちづくり理念の実践と変質（1980年代以降）

　こうした理念は、1980年代以降のまちづくり現場で、各地域の実情に左右されながらも少なからぬ地域で実践された。70年代後半の「地方の時代」（それを反映した第三次全国総合開発計画の「定住構想」）、79年の第二次石油ショックのあと80年代に入ると、東京一極集中の時代を迎える。そして85年のプラザ合意後の円高不況を経て、80年代後半にはバブル経済が日本を覆うことになった。そして88～89年にかけては、竹下登内閣によるいわゆる「ふるさと創生事業（自ら考え自ら行う地域づくり事業）」が実施された。

　この時期1988年に、『Theまちづくり View』（第一法規）というまちづくり雑誌が創刊されている。なぜこのバブル全盛期にまちづくり雑誌が創刊されたのか。創刊号の裏表紙に「しあわせづくりをめざす　まちづくりの原点が見えてくる」とのキャッチコピーが記されていたように、バブル景気に浮かれた当時の世相やハコモノづくりに翻弄されるまちづくりへ再考を迫る意図があったのだろう。同誌全12号（1988～91年）に紹介された基礎自治体等（東京23区も含む）は109、「まちづくりの原点」（すなわち70年代のまちづくり理念）に根ざした取り組みを行おうとしていた地域であった。その自治体名は表2の通りである。

(1) 飯田市のまちづくり

　その一つの自治体が長野県飯田市である。『Theまちづくり View』第3号（1989年）では、飯田東中学校生が長年育んだりんご並木の事例が紹介されたが、今日観光でも有名な飯田市は（2003年、飯田・下伊那郡は「南信州グリーン・ツーリズム特区」の指定を受けた）、公民館運動を通した地域教育（主体化）、また農商工連携や6次産業化、文化振興（人形劇カーニバル等）など総合的なまちづくりで1970年代より注目されていた（77年には「地域シンポ」を開催（表1参照））。

I. 観光まちづくり概論

表2 『The まちづくり View』全12号（1988～91）で取り上げられた自治体名

北海道	恵庭市、**池田町**、帯広市、占冠村、夕張市、陸別町
青森	田子町
岩手	**遠野市、盛岡市、田野畑村、陸前高田、花泉町、藤沢町、岩泉町、室根村、沢内村、川井村**
宮城	津山町、仙台市、気仙沼市、唐桑町
秋田	大雄村、雄物川町
山形	**西川町**、遊佐町
福島	**棚倉町**
栃木	**茂木町、足利市**
群馬	草津町、水上町
埼玉	川越市、松伏町
千葉	**千葉市**、市原市、松戸市、丸山町
東京	**町田市**、荒川区、杉並区、墨田区
神奈川	**横浜市**、藤沢市
新潟	**安塚町**、六日町、大和町
富山	魚津市、富山市
福井	芦原町、今立町
山梨	勝沼町、清里、**早川町**
長野	坂城町、飯田市、**長野市**、野沢温泉町、日義村、楢川村、長谷村
岐阜	穂積村、大和町、揖斐川町
静岡	沼津市、中川根町
愛知	**豊根村**、足助町
京都	大宮町
兵庫	青垣町
島根	**吉田村**、隠岐、瑞穂町、浜田市、大社町、三隅町
岡山	新見市、美星町、久世町
広島	**総領町**、作木村、**広島市**、筒賀村、三次市、豊平町
山口	宇部市、東和町、山口市
徳島	上勝町、**阿波町**、小松島市
愛媛	内子町、城川町
福岡	福岡市、**久山町**、夜須町
長崎	美津島町、世知原町
熊本	小国町、山鹿市、菊鹿町
大分	**大山町、湯布院町**、大分市、日田市、耶麻渓村、直入町
鹿児島	川内市
沖縄	嘉手納町、読谷村、**石垣市**

(出典)『The まちづくり View』第12号（1991年）187～188頁。
(注) 自治体名は県を除く。また海外の地域も除いた。なお太字は全12号中2回以上登場する自治体名である。

1989年10月号の『農村文化運動』(農文協)でも特集「農工商が結びつく町」として飯田が取り上げられている。同誌が飯田に注目したのは、農協の文化事業がさりげなく進められる「飯田の気風」に興味をそそられ、その土台には「教育(意識改革)優先と地域主義という発想そのもの」がある。また「医・食・農・想(教育と思想)、農・工・商の地域的連係の問題をより広く追究」するために飯田は条件がそろっていると考えたからである[21]。こうした飯田の教育をベースにした総合的まちづくりのキーパーソンの 人は、後藤の常民大学に学び、湯布院シンポから刺激を受け、「まちづくり学」を提唱していた[22]。この事実からも、70年代のまちづくり理念との関連で飯田のまちづくりを捉えることができるのである。

だがあえていえば、飯田は一つの事例にすぎない。1970年代以降、自治体職員、研究者、コンサルタントやシンクタンク等の専門家、民間運動団体関係者など、まちづくりをめぐる人的ネットワークが築かれ、情報交換をしながら各地

写真5　飯田市のりんご並木（小笠原彩音提供）

写真6　飯田市のりんご祭り（小笠原彩音提供）

写真7　飯田市千代地区の棚田とかかしアート
（石川美樹提供）

のまちづくりが進められている。86年に設立された「自治体学会」も人的交流・情報交換の場になった。こうして70年代に開花したまちづくりの理念は、全国各地の多くの志を共有する人びとによって実践されていったのである。

(2) 特定テーマ追求型まちづくりへの転回

しかしながら、1990年代半ば以降の長期にわたる平成不況の中で、財政的逼迫とも相まって、現代に続くまちづくりは「○○まちづくり」と形容できる特定テーマに傾斜し始めていく。もちろん特定テーマを入口に総合的なまちづくりへとつなげている場合もあるだろう。また特定テーマを前面に出すことは曖昧なまちづくりに具体性をもたせ、人びとの関心を喚起しやすいと同時に、複雑化した現代社会をシングル・イシューによって解決へと向かわせるまちづくりは、ステークホルダーの参加を促す効果もある。

こうした多様に特化した現代のまちづくりに対し、井上繁の分類では、「環境共生」「景観」「文化・芸術」「少子・高齢社会」「産業・地域経済」「農林・水産業」「コミュニティビジネス」「市民活動・NPO」「コミュニティ・協働」「女性」「交流・連携」「観光・リゾート」「テーマ型」「都市再生・交通」の14項目に分けられている[23]。これらの項目は、しかしながら便宜的な分類にすぎないケースもある。たとえばNPO法人グリーンバレーが主導する徳島県神山町のまちづくりは「市民活動・NPO」に配置されているが、「文化・芸術」「交流・連携」「観光・リゾート」なども深く関係している[24]。

また三船康道らの分類では、「住宅・住環境」「景観」「歴史」「安心・安全」「交通」「福祉」「水と緑（オープンスペース）」「生態環境」「物質・エネルギー循環」「経済」「市民」と11項目に分けている[25]。いずれも、多様化したまちづくりの整理のための分類であるが、それだけまちづくりの特化が始まっている証左だと捉えることができるだろう。

このまちづくりの特化傾向は、じつのところマニュアル依存型まちづくりの伝統を色濃く残すわが国の伝統を継承しているといえるかもしれない。すなわち、模範（モデル）を提示し（優良事例紹介）、そのためのノウハウを、地域の実情を無視して外から提供するやり方である。特定テーマであるからこそ可能な手法である。じつはすでに明治期日露戦争後の地方改良運動（町村是調査）

でも同様の手法がとられ、当時農政官僚だった柳田国男ら一部の有識者から批判も受けていたという歴史さえあるのだ[26]。にも関わらず、今日においてもこうした手法はまちづくり分野で継承されている。

5. 現代まちづくりの課題と展望

(1) 課題
　以上、まちづくりの歴史を初発の思想—とくに1970年代のまちづくりの特徴、すなわち学びを土台に据えた総合性、主体性、対抗性を強調する地域主義—を参照軸に概観してきた。そのうえで現代のまちづくりが抱える課題を整理すれば、おおよそ以下の5点にまとめることができるだろう。

1) 総合性の希薄化〜共有理念の不在〜
　とくに地域課題が明瞭に浮き彫りにされる現代では、地域課題に応じた問題解決のための取り組みがまちづくりと理解され実践されるようになっている。しかも効果検証のための各種指標化（数値目標）、PDCAサイクル等のマニュアル型思考の強調は、まちづくりの総合性を考慮する余裕を与えない。勢いまちづくりを特化させ、そのことで特定住民の関心を引くとはいえ、他の多くの住民の無関心を蔓延させる。いくつもの「○○まちづくり」が形成されても、それぞれに関わる住民相互の情報共有や連携が希薄のまま、人びとの暮らしの全体像から各々のまちづくりを統合する視点がもちにくい。総合計画策定における市民会議のような場でも同様の傾向が起こっている。近年「幸福」を共有理念として指標化する動きが自治体レベルでも見え始めているが、こうした事態への打開策と見ることもできるかもしれない。

2) 住民参加・住民協働の形骸化〜無関心層の蔓延〜
　まちづくりの特化傾向は、特定人のみの参加という形で住民参加・住民協働の門戸を狭めている。もちろん地域課題の多様化に応じてNPO法人が激増し（2015年6月末で5万余が承認）、個別の活動を実施しているが、そのことが人びとをまちづくりの主体として積極的に登場させているわけではない。全国の多くの自治体で実施されている市民活動への補助金事業でも、申請団体が広

がらない、メンバーの高齢化が進んでいる等の、NPO 法人数の増加とは相反する事態が見られる。

3）主体化（気づき）という学び機能の劣化

この問題は 1950 年代以来の課題であった人びとの主体化が充分に進展していないことの表れであろう。数値としての効果が見えない事業・活動へは資金援助は行われないし、団体の自立が求められる近年の事情では、数年で成果を出し事業を軌道に乗せなければならない。すなわち、短時間思考を土台とするまちづくりでは、ゆっくりと考えながら失敗を繰り返して学ぶ行為はプラスの評価を得にくい。ましてや綿密な事業計画が当初から求められる現状では、たとえ PDCA サイクルで途中改善の余地があるとはいえ、動きながら考え、考えながら動くといった試行錯誤は許容されにくい。事前計画の拘束のもと、気づきを通して考え動ける主体に成長する教育ではなく、いかに効率的に経営感覚をもって事業を推進できる「専門人材（＝人的資源）」になれるかどうかが求められている。

4）自治意識の衰退

1970 年代、プロフェッショナルな都市計画行政への対抗化として、暮らしの総合性に基づいてアマチュアの生活者がまちづくりに登場した。この意識こそ学びを重視するまちづくりの根幹であったはずなのに、再び専門家依存、マニュアル依存傾向が強くなっている。また ICT 技術の進展、SNS の普及によって、居住地域を「わたしたちの共通の家」とはみなす必要のない感性が若年層を中心に広がり、関係ネットワークに基づくコミュニティ帰属が居住地域への無関心さを増幅させ、自治意識の衰退を招いている。そのことが地域内の世代間対立を助長し、ますます若年層の目を外部へと押しやっている。若者条例のような仕組みで、目を内部へと向けなおす施策が必要であろう。

5）地域経営という効率性重視思想の肥大化

前述した湯布院は、1970 年の「明日の由布院を考える会」の発足を起点にとっても四十数年にわたるまちづくりの長い歴史を持つ。「成功事例」といわれるどのまちづくりも同様だ。成功の上澄み液だけをすくいとり、自地域に移植しても土壌や風土が違うのだから根付くはずがない。しかし、地域経営という名

目の効率性重視思想は、費用対効果を錦の御旗に掲げ、内発的な学びを土台とするスローなまちづくりを認める余裕がない。教育は未来への投資である。短期間では効果は上がらない。本来地域経営は、スクラップ・アンド・ビルド方式ではなく、地域の持続可能性を担保する思考を根幹とするべきだ。このことをあらためて見直したい。

(2) 展望

　2014年に「まち・ひと・しごと創生法」が成立し、地方創生が全国で叫ばれ、各自治体は「人口ビジョン」と「地方版総合戦略」の策定に必死になっている。今後長期にわたる人口減少下でのいわゆる縮減社会にあって、1970年代のまちづくり理念を見直すとは一体どういう意味を持つのか。筆者には、何よりも「人財育成」であろうと思われる。

　たとえば、政府の『まち・ひと・しごと創生基本方針2015』（2015年6月）を見ると、「専門人材」という用語が頻出する。「プロフェッショナル人材」「専門的職業人材」も同様に頻出するが、要するに高度な技能・知識をもち、経営的戦略に優れた即戦力をまちづくり分野でも求めようとしているのである。

　しかしながら、地方の現場を見る限り、とりわけ自治体の半数近くを占める過疎市町村にあって、「専門人材」を確保するのはきわめて困難だ。したがって「専門人材」の地方還流戦略が登場するのだが、結局のところ、ごく少数の専門人／圧倒的多数の一般人に人びとを分断し、まちづくりを専門家が独占する構造を創りだすことになるだろう。そして住民参加はますます形骸化する。

　こうした（カリスマ型）リーダー論こそ、じつは1970年代のまちづくり思想の中で克服しようとした構造だったはずだ[27]。「主体性」という使い古された感のある概念を、あらためてまちづくりの中に埋め戻す必要がある。1人の「専門人材」よりも10人の「小さなプレイヤー」が活躍できるまちづくりこそ、たとえば人口数万人以下の中小自治体が必要としている戦略ではないのか。また「小さな拠点」づくりは、過疎自治体だけの課題ではない。人口数十万人の中核都市であっても、人口減少と高齢化が進む周辺部では「小さな拠点」の必要性が高まっている。そのような小さな、暮らしに根ざした活動を支える人財育成こそ、今日のまちづくり現場で重要性を増していると思われる[28]。

〔岩崎　正弥〕

【注】

(1) 西村幸夫編 (2007)『まちづくり学』朝倉書店、p.2。
(2) この意味で、建築学者・延藤安弘 (2001) の「まち育て」の理念が参考になる(『「まち育て」を育む－対話と協働のデザイン－』東京大学出版会)。
(3) 倉田直道「「まちづくり」は海外ではなんというか」、似田貝香門ほか編 (2008)『まちづくりの百科事典』丸善、p.225。倉田は Community-Based Design and Planning、Community Development 等を類似概念として紹介している。また上記延藤は、R・B・グラッツにならって「まち育て」を Urban Husbandry と英訳している。
(4) 似田貝香門「まちづくりと住民運動」(前掲・似田貝 (2008) 所収)。
(5) 安藤良雄編 (1975)『近代日本経済史要覧 (第 2 版)』東京大学出版会、p.6 の表 2 より集計。
(6) 田中宣一編著 (2011)『暮らしの革命 戦後農村の生活改善事業と新生活運動』農文協。
(7) 東京市政調査会『都市問題』1952 年 4 月。
(8) 杉崎和久「戦後復興期における歴史家・実践家によるまちづくり論」(前掲・似田貝 (2008) 所収)。
(9) 浪江虔 (1959)『第二町づくり村づくり』農文協、p.154。
(10) 浪江虔 (1957)『町づくり村づくり』農文協、pp.183-216。
(11) 「地域社会研究会」とは、「日本地域開発センターにおいて組織された自主研究グループで、大学等の研究者、行政関係者、住民運動にたずさわる人」から構成されていた (『地域開発』1977 年 1 月、p.6)。また同研究会の調査研究や、本文で触れる全国まちづくりシンポジウムなどの叙述は、岡崎昌之「地域の再生－まちづくりの 15 年 (①〜④)」、『The まちづくり View』第 1 号〜 4 号 (1988 年〜 89 年) 所収、を参照。
(12) 玉野井芳郎 (1979)『地域主義の思想』農文協、p.19。
(13) 地域主義研究集談会松本大会 (表 1 参照) では、発起人の一人・古島敏雄 (農業史) が「この会はやはり研究者の報告する会である。住民運動などをやっている人たちはもの足りなさを感じたろう」と総括コメントを述べていた (青木孝寿「「地域主義」研究集談会松本大会」『地方史研究』第 156 号 (1978 年 12 月))。
(14) 後藤総一郎 (1981)『郷土研究の思想と方法』伝統と現代社、pp.161-162。
(15) 「常民大学」の歴史については、常民大学『野の学びの史譜』編集委員会編 (2008)『野の学びの史譜－後藤総一郎語録－』梟社、に詳しい。
(16) 湯布院のまちづくりシンポジウムの記録は、『地域開発』第 148 号(1977 年 1 月号) に掲載されている。以下、本シンポに関わる叙述・引用は同資料より。
(17) 亀地宏「地域主義とまちづくり」『市政』第 329 号 (1979 年 12 月)。

(18) 村田迪雄・乗本吉郎（1978）『イナカ再建運動－百姓の独立宣言－』日本経済評論社。
(19) 松永佳子（2012）『創造的地域社会』新評論、藻谷浩介・日本放送協会（2013）『里山資本主義』角川新書、小田切徳美・藤山浩編著（2013）『地域再生のフロンティア』農文協、など。
(20) 嶋津隆文（1989）「私の考える日本のシナリオ－都市国・日本のライフスタイルを読む」『The まちづくり View』第3号。
(21) 『農村文化運動』114号（1989年10月）p.5。さらに同誌90年7月号では、「長野県飯田市への提言」として114号の特集に対する識者のコメントが特集されている。同特集には、70年代に地域主義を主導した一人・経済学者の杉岡碩男から「自立の思想と論理を欠いたレポート」だと批判する文章も掲載されている。こうした自由闊達な議論を通して理念が鍛えられ、まちづくり運動は前進したのだろう。なお近年では、『地域開発』第584号（2013年5月）が「地域づくりのメッカを目指す南信州・飯田の試み」という特集を組んでおり、この中では「公民館運動」「身の丈再開発によるまちなか居住」「人形劇」「農家民泊」「市民ファンドによる太陽光発電」「大学機能：学輪IIDA」などの取り組みが紹介されている。
(22) 『農村文化運動』125号（1992年7月）、特集「「まちづくり学」への試論」（執筆：高橋寛治）。高橋は当時飯田市役所職員であった。
(23) 井上繁（2007）『日本まちづくり事典』丸善。
(24) 神山町のまちづくりについては、篠崎匡（2014）『神山プロジェクト』日経BP社を参照。
(25) 三船康道＋まちづくりコラボレーション（2009）『まちづくりキーワード事典（第三版）』学芸出版社。
(26) 並松信久（2010）「国家政策と地域振興－地方改良運動の展開－」『報徳思想と近代京都』昭和堂。
(27) しかしながら皮肉なことに、本章で取り上げた「まち全国シンポ」に集った人びとなどカリスマ型リーダーが多かったこともまた事実である。残念ながら彼ら・彼女たちの後継者は明示的な形では現れていない。この意味でも、人財育成がまちづくり現場の重要な課題であり、まちづくり運動が活発化した70年代以来、事態が飛躍的に好転しているわけではない。この点は第2章でもう少し詳しくふれてみたい。
(28) 本章では都市工学的な（ハード中心の）まちづくりにはふれなかった。また都市計画の立場からまちづくりを語れば、本章とは異なる視界が開けるだろう。本章は人文社会系的な視角、ないしは行政的、住民運動の視角からまちづくりを検討してきた。さらに近年の科学技術の飛躍的な進展によって、「テクノロジーとまちづくり」も語られねばならない。AI（人工知能）やICT（情報コミュニケー

ション技術）の普及によって、今後まちづくりの形（コミュニティのありかた）は間違いなく変化する。その結果「住民参加」の意味も変貌するだろう。この点は重要な論点であるけれど、また別の機会に譲りたい。

【参考文献】
青木孝寿（1978）「「地域主義」研究集談会松本大会」『地方史研究』第 156 号。
安藤良雄編（1975）『近代日本経済史要覧（第 2 版）』東京大学出版会。
井上繁（2007）『日本まちづくり事典』丸善。
延藤安弘（2001）『「まち育て」を育む－対話と協働のデザイン－』東京大学出版会。
岡崎昌之（1988～89）「地域の再生－まちづくりの 15 年－」『The まちづくり View』第 1～4 号。
小田切徳美・藤山浩編著（2013）『地域再生のフロンティア』農文協。
亀地宏（1979）「地域主義とまちづくり」『市政』第 329 号。
後藤総一郎（1981）『郷土研究の思想と方法』伝統と現代社。
篠崎匡（2014）『神山プロジェクト』日経 BP 社。
嶋津隆文（1989）「私の考える日本のシナリオ－都市国・日本のライフスタイルを読む」『The まちづくり View』第 3 号。
常民大学『野の学びの史譜』編集委員会編（2008）『野の学びの史譜－後藤総一郎語録－』梟社。
高橋寛治（1992）「「まちづくり学への試論」」『農村文化運動』125 号。
田中宣一編著（2011）『暮らしの革命　戦後農村の生活改善事業と新生活運動』農文協。
玉野井芳郎（1979）『地域主義の思想』農文協。
『地域開発』（1977）第 148 号（1 月）。
『地域開発』（2013）第 584 号（5 月）。
浪江虔（1957）『町づくり村づくり』農文協。
浪江虔（1959）『第二町づくり村づくり』農文協。
並松信久（2010）「国家政策と地域振興－地方改良運動の展開－」『報徳思想と近代京都』昭和堂。
西村幸夫編（2007）『まちづくり学』朝倉書店。
似田貝香門ほか編（2008）『まちづくりの百科事典』丸善。
『農村文化運動』（1989）114 号（10 月）。
『農村文化運動』（1990）117 号（7 月）。
増田四郎（1952）「都市自治の一つの問題点」『都市問題』（4 月）。
増田四郎（1980）『地域の思想』筑摩書房。
松永佳子（2012）『創造的地域社会』新評論。
村田迪雄・乗本吉郎（1978）『イナカ再建運動－百姓の独立宣言－』日本経済評論社。

三船康道＋まちづくりコラボレーション（2009）『まちづくりキーワード事典（第三版）』学芸出版社。
藻谷浩介・日本放送協会（2013）『里山資本主義』角川新書。

(写真は 2013 年〜 2015 年、撮影)

第2章　内発的観光まちづくりの仕掛けづくり
－人財育成の視点から－

　第1章で見たように、1970年代には総合的だったまちづくりが、その後ある特定テーマを前面に出したまちづくりへと転回してきている。もちろん特定テーマは入口であって、最終的には総合的なまちづくりを構想しているケースも少なくないはずだ。観光まちづくりもその一つであろう。観光振興という外向けの産業が、まちづくりという内なる住民福祉（＝住民の幸せな状態 Well-Being）の増大を目指す運動へと接近していくのは、観光（交流人口）を一つの切り口として住民参加を確保し、総合的なまちづくりへ向かう動きとして期待されているからであろう。

　ただし問題は「住民参加」だと思われる。すなわち、どのような住民の参加が必要なのか。住民の内発性は何がきっかけとなって起動するのか。そもそも参加する意思をもたない多くの住民をどのように考えればよいのか。こうした意味で、住民参加とは人財育成の課題に集約されるといえるだろう。

　カリスマ型リーダーをトップに据える（公募する）形の観光まちづくりは、ほとんどの自治体では不可能だ。しかし観光まちづくりへの需要が高まるなか、ただ手をこまねいているわけにもいかない。そこで本章では、観光まちづくりにおける内発性を促す仕掛けづくりとして、「人財育成」[1]という課題を検討することにする。

1. 観光まちづくりの課題

(1) 観光まちづくりとは

　そもそも観光振興は、まちづくりとは別の動きとして古くから取り組まれていた。他方、まちづくりは内発的な動きをもった運動であったが、外部資源（ヒト・モノ・カネ）を取り入れるという局面で観光と近接し始めたといわれる[2]。

岡村・野原・西村（2009）によれば、観光まちづくりは、外部資源の「量的獲得」→「戦略的活用」→「地域内浸透」という三段階をたどるという。したがって、観光まちづくりとは単なる観光地づくりではなく、「地域社会が主体となって地域環境を資源として活かすことによって地域経済の活性化を促すための活動の総体である」[3]と捉えたほうが適切だ。

「地域社会が主体」という意味で「着地型観光」と重なる。また地域資源の活用→地域経済の活性化という流れにおいて、地域住民の学びを伴う地域資源の発見→付加価値化という気づきや、特産品開発（6次産業化）、交流ビジネス等が内包されているといえるだろう。しかしながら筆者は、観光まちづくりが「地域経済の活性化を促すための活動」にとどまるのでは不十分だと考える。さらに地域のソーシャル・キャピタル（信頼、助け合い、つながり、規範等の地域力）[4]を育むことに寄与し、住民福祉を増大させるものでなくてはならないと考える。

(2) 人財育成という課題

それでは、観光まちづくりの特質はどこにあるのだろうか。事例に即して整理してみよう。

2006年に国土交通省は『地域いきいき観光まちづくり－100－』を公表した。梅川智也・堀木美告らによれば、これら100に及ぶ地域主体の観光まちづくり事例（本書で登場する湯布院、飯田、足助、熱海等も含む）には以下の三つの傾向を見て取れるという[5]。

① 「観光に活用する魅力要素の多様化」

特に人文的な要素、すなわち伝統的な食文化、技術工芸、祭りなどに軸足を置き、ガイドやインタープリターとして住民の関与が大きくなるケースが増えている。

② 「閉じた集客装置から地域性に立脚した場づくりへ」

立ち寄り型拠点の整備ではなく、蔵や町家などの既存ストックの再生・活用、それらを面的に広げた景観づくりが有力になっており、それらは地域アイデンティティを表現する背景（基盤）整備だといえる。

写真1　長野・愛知・静岡を結ぶ祭り街道をイメージさせる「祭り街道弁当」（黍嶋久好提供）　　写真2　なまこ壁を活かした食堂（下田市）

③「活動主体の多様化と行政の役割の変化」

担い手は行政と観光協会、観光産業界などにとどまらず、NPO法人や住民の任意団体も含めて地域の多様な主体が参画している。

しかしながら以上の分析は、いわば「成功事例」の特質である。多くの地域（特に地方の中小自治体）では上記①～③のいずれか、ないしはすべてが欠如しているために、観光まちづくりを掲げてはいても、うまく機能していないケースが見られる。筆者のこれまでの調査を参考に、地域側の課題を整理してみれば以下のように集約されるだろう[6]。

①住民の無関心・無理解

特に高齢化が進む地域では観光まちづくりを担う人財も含め「静かに暮らしたい」と願う住民が少なくない。諦めや面倒臭いことへの忌避感が蔓延し、地域の将来に対する不安はあっても、それをいわば「自分事化」して動きへとつなげる状況が弱い。危機感をあおるだけでは事態は改善しない。

②観光資源の発掘、付加価値化という工程の困難さ

たとえばシンクタンクやコンサルタント業者がアドバイザーとして地域に入り、彼ら主導のもと観光振興ビジョンのような計画を作成しても、それを現実化する工程も実施主体も明確ではない。深刻なのは担い手である。また地域資源を活用した観光商品が開発されても、近隣の類似地域との競合でOnly One商品にはなりがたく、One of Them商品としていかに類似商

品との差異化を図り魅力を維持し続けるのか、きわめて至難だという現実に遭遇する。

③活動連携・人的ネットワークが未整備

前述の成功事例③がうまく機能していない。行政（観光課）や観光協会では、地域の多彩な能力を持つ人財を把握し、つなぎ、観光まちづくりへと統合する調整機能を発揮するのが困難な場合が少なくない。たとえば、同じ自治体内で、類似の体験交流事業を別々の団体が互いに連携することなく別個に実施しているケースさえある。

以上を一言でまとめれば、観光まちづくりのマネジメント戦略を議論する以前に課題があるということだ。したがって、いかに人々が観光まちづくりに関心を抱き、自らも参加ないし活動しようと意欲を持ちえるのか。そのうえで、どうやって彼・彼女らの意欲を形にし、互いにつなぎあわせ、観光まちづくりへと収斂させていくのか。こうした基本的な入口の回路を作る必要があるだろう。ただし人口減少と高齢化が深刻化している中小自治体では、内部人財だけでこの事態を乗り切ることは難しい。勢い外部人財の存在－観光マネージャーのようなプロではない－に注目せざるをえないだろう。以下、内部と外部という複眼的視角から人財育成の課題を扱うことにする。

2. 人財育成と内発的地域発展モデル

西欧近代化とは異なる道筋としての（地域特性に応じた）内発的地域発展モデルは、すでに1970年代に鶴見和子らによって主張されていたが[7]（ちなみに鶴見は77年8月の「地域主義研究集談会」松本大会の問題提起者の一人として水俣をモデルに内発的発展論を述べていた[8]。内発的発展論と地域主義の親和性も高い）、その後企業誘致や外部資本によるリゾート開発とは異なる農山村の内発的発展モデルも提唱された[9]。

保母（1996）では、内発的発展の原理として、①環境保全や人権擁護も含む総合的な地域発展であること、②域内産業連関の拡充や都市連携等を模索すること、③住民参加、住民自治による地方自治を確立することが挙げられていた

が、特に人財育成に関する仕組みづくりへの言及はなかった。しかし内発的発展の理念をいかに地域特性に応じて現実化するのか、この点が内発的観光まちづくりでも重要になる。

(1) 地域のキーパーソン・モデル

　地域リーダー養成塾のような育成技法はこれまで長年の蓄積があり（たとえば（財）地域活性化センター主催の「全国地域リーダー養成塾」など）、それなりの成果を挙げてきたと評価できる。その一方で、リーダーを育成できない多数の地域が存在していることもまた事実だ。そのような現状を背景に、ここではリーダー・モデルに代わるキーパーソン・モデルを提示してみたい。

　そもそもキーパーソンとは、哲学者の市井三郎が歴史分析において導入した概念である。市井は政治的な英雄とは異なる変革の担い手として、「いちじるしく歴史づくりに参与する〔リーダーではない〕個人」（亀甲括弧内筆者、以下同様）をキーパーソンと考えた[10]。　同様の現実が観光まちづくり現場にもある。カリスマ型リーダーではなくても、地域から信頼が厚く、さまざまな技能を通して地域の発展に寄与している（できる）人々がキーパーソンである。キーパーソンはどの地域にも存在しているはずだ。そうしたキーパーソンには、少なくとも4種類のタイプが存在する[11]。

①意識のキーパーソン（サポーター）

　　自分では動けなくても動く人々を応援する人である。場合によっては金銭的な支援もありえる。

②発想のキーパーソン（アイデア・パーソン）

　　ユニークな発想で硬直した事態を打開できる人。Uターン者、Iターン者に多いだろう[12]。

③活動のキーパーソン（プレイヤー）

　　動ける人。中小自治体では動かざるをえない状況が存在していても、動ける人は限られている。もちろん高齢化が進んでいるという理由もあるけれど、意欲自体を喪失しているケースも見られる。また青年層は上の世代の圧迫で動けない場合、壮年層は仕事が多忙すぎて動けないケースが多い。

④統合のキーパーソン(プロデューサー)

　地域の顔役的な人。区長(自治会長)等の公的な役職に選出される人や、任意団体・NPO法人を立ち上げたり、その代表に推されたりする人である。あるいはインフォーマル・キーパーソンとして、一種のお世話係的な世話焼き－女性に多い－も統合のキーパーソンであろう。

　以上のキーパーソンは必ずしも別人ではなく、同一人が複数の役割を担っていることもありえる。キーパーソンはいわば活動人口でもあり、絶対数でいえば多くはないかもしれないが、必ず存在している。したがって、図1に示したように、圧倒的多数の普通の人々(無関心層)を、学びを通していかにキーパーソンへと変換していくのか、この変換のためのプログラムが必要である。

　なお図1では、「変換プログラム」として「普通の人々(無関心層)」から「統合のキーパーソン」へと矢印をおいたが、中心部ほど数が少ないという意味であって、価値序列ではない。そして、無関心な人が意識のキーパーソンに、発想のキーパーソンが活動のキーパーソンに、活動のキーパーソンが統合のキーパーソンに、というさまざまな変換が想定される。大切なのは、多様なキーパー

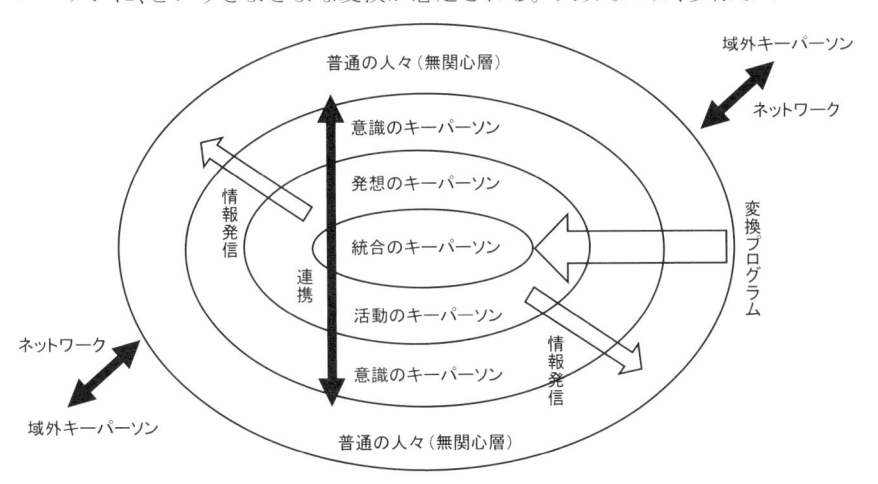

図1　地域のキーパーソン・モデル

(出典) 黍嶋久好・岩崎正弥「集落コミュニティ再生アクションプログラム」、松為宏幸監修・大貝彰編著『県境を跨ぐエコ地域づくり戦略プラン』(豊橋技術科学大学地域協働まちづくりリサーチセンター、2011年) 89頁の図5を一部修正.

ソン相互の、あるいは普通の人々も含めた連携であり、普通の人々に向けた継続的な情報発信である。また域外のキーパーソンとのネットワークも重要となるだろう。

(2) 場の活性化モデル

観光まちづくりが交流人口（外部との接触）によって内部環境（生活環境）を整え、地域住民の福祉を増大することに寄与するためには、地域の場を変革する必要があると筆者は考えている。

それでは場とは何か。経営学者の伊丹敬之によれば、「場とは、人びとがそこに参加し、意識・無意識のうちに相互に観察し、コミュニケーションを行い、相互に理解し、相互に働きかけ合い、相互に心理的に刺激をする、その状況の枠組みのこと」[13] とする。いわば情報が交錯・融合し新たな＜動き＞が生成される実在的・非実在的な空間である。

組織に場があるように、地域にも固有の場がある。イメージ喚起的に説明すれば、多様かつ多数のつながりを促進し、そのネットワークから化学反応のようにさまざまなアイデアや実践が創発される場こそが望ましい。反対にアイデアや活動があっても相互に連携がなく、視点が外部に向けられてしまうような場では、地域発展は期待できない。伊丹（2005）によれば場のメカニズムはこうである。「外部シグナル」（外部情報）を組織の個々人が受信すると、共感し合える人々の間で「ローカルな共通理解・共振」が生まれる。複数の「ローカルな共通理解・共振」が並存するケースもありえるが、その場合「全体の統合努力」が作動し、「有力な全体理解」が形成される。この「有力な全体理解」が個々人へフィードバックされ、再び「ローカルな共通理解・共振」を経て、「有力な全体理解」が「全体の共振」へと展開する。このプロセスを通して「全体の共通理解」へ至る、というメカニズムを経営現場の分析を通して発見した。いわば外部情報（刺激）に対し、個→小集団（小活動）→全体組織（全体活動）というループ状の波及プロセスが起動するかどうかという流動性こそ、地域の場が活かされるか否かの分岐点になる。

さて観光まちづくりを動きから捉え直せば、人々が地域資源に働きかけ何らかの観光にかかわる活動を起こすことである。この点を念頭に置いたとき、い

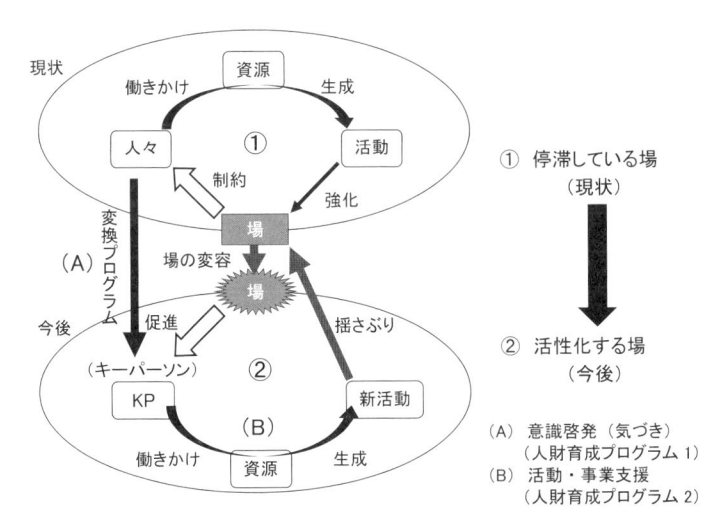

図2　地域の場の変容に向けて
(出典) 岩崎正弥・高野孝子『場の教育―「土地に根ざす学び」の系譜―』(農文協、2010年) 177頁の「図1-3-6」を一部修正。

わば「停滞している場」と「活性化する場」の二つの対極的な場のありかたが浮かび上がるだろう (図2)。

　観光まちづくりがうまくいかない多くの地域は、図2の「①停滞している場」に陥っているのではなかろうか。すなわち、まちづくり (人々→資源→活動) のサイクルが形骸化し、前例踏襲の活動 (イベント) を持続しているだけ。あるいは、図2では的確に表現できなかったが、複数の活動がバラバラに行われ、疲れたり苛立ちが高じたりしているケースもここに含まれる。この場合、活動の多寡にかかわらず、これらの活動が既存の停滞する場をさらに強化する結果をもたらし、この硬直化した場が、ますます人々のアイデアを拘束し、活動を制約する障害物として機能している。

　他方「②活性化する場」は、キーパーソンが活躍できる場である。いいかえれば、伝統にそぐわない新たな活動が生成されたり、複数の活動の連携を通して新たな活動へ展開したりすることを許容する、寛容度・自由度が高い地域の「緩い」場を意味している[14]。新たな活動が、既存の場に「揺さぶり」をかけ、硬直した場を柔軟な場へと変容させる可能性を持つ。「活性化する場」はキー

写真3　「緩い場」を持つ徳島県神山町　　写真4　古民家を改築したサテライトオフィス
（神山町）

パーソンへの変換を容易にするはずだ。またソーシャル・キャピタルの高さをも表している。

　このプロセスは、しかし既存の「停滞する場」においては、ある仕掛け＝きっかけがなければ起動しないだろう。この仕掛けこそ、図2の「(A) 意識啓発（気づき）」と「(B) 活動・事業支援」の二種類のプログラム（人財育成プログラム）である。この仕掛けにおいて、土台となるのが「(A) 意識啓発（気づき）」である。人々の「動き」を誘発する－キーパーソンへと育てる－ためには「気づき」が前提だと考えられる。

(3) 二段階の気づき〜内と外の視点の交錯による資源認識のプロセス〜

　この点は地域学（地元学）も同様である。教育学者・廣瀬隆人によると、地域学とは「〔地域の〕学びから社会参加」[15]に至るプロセスそのものである。実際、地域名を冠する地域学、たとえば「山形学」は「山形を知る」「山形を生きる」そして「山形を創る」として学びから参加への道筋を想定しているし、「福井学」は「学びのステージ」から「はばたきのステージ」への一連の展開を地域学に担わせている。ただ実際には気づきから動きへの飛躍は起こりにくい。

　この飛躍を引き越す一つの仕掛けが、外部者の視点の導入である。これまで地域学では外部者と内部者の協働による学びが重視されてきた。にもかかわらず、この二つの視点の交錯のプロセスはこれまで理論化されてこなかった。観光まちづくりも同様だ。おそらくベクトルを異にする二方向の資源認識の流れ

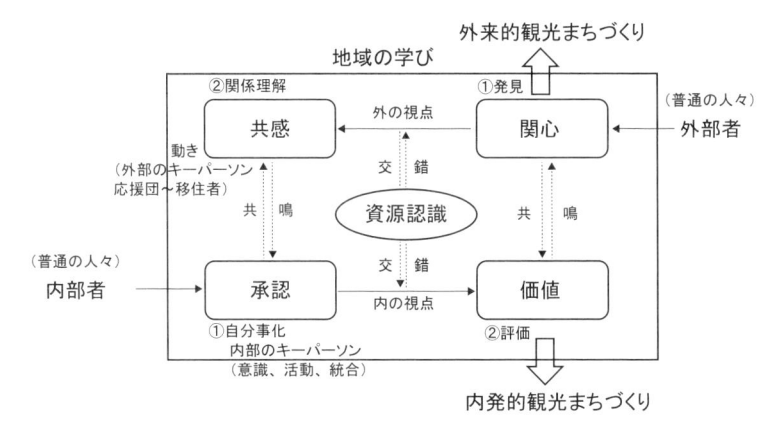

2. 内発的観光まちづくりの仕掛けづくり　41

図3　内外視点の交錯による二段階の「気づき」

が交錯することが大切だと筆者は考えている（図3参照）。

①外部者の場合

　まず驚きをもって諸事象（自然環境も含む）を見る。こんな事象があるのかという「発見」からまず「関心」が生じる（「気づき1」）。さらに学びを深めると「関係理解」へと行き着く。「関係理解」とは、地域における諸事象間の空間的・時間的なつながりを知り、そこに関わる（関わってきた）人々の苦労や手間暇を理解することである。ここに「共感」（「気づき2」）が生まれる。ただしこの関係を理解できない外部者は「共感」には至らず、「関心」（興味本位）のみで終わるだろう。しかし「共感」できた人は、「外部のキーパーソン」として「応援団」から「移住者」までの幅をもった「動き」へと飛躍する可能性が高い。

②内部者の場合

　それでは地元で生まれ暮らす人々にとっては、自地域を学ぶ必要はないのだろうか。中山間過疎地域では「誇りの空洞化」（小田切徳美）[16]が進み、地域資源との関係が希薄化し愛着すら感じなくなっている場合が見受けられる。筆者の調査でも、「自慢できる資源はない」と諦めの口調で語る住民に何度も接してきた。そこで内部者であっても、あらためて自地域の学びが必要だと考える。

写真5 地元学（地域学）から立ち上がった「村丸ごと生活博物館」（水俣市頭石）

写真6 頭石の公民館（地元学の成果が掲示）

内部者の気づきは外部者とは別の二段階のプロセスをたどるだろう。第一に、遠く離れてしまった地域資源（自然、歴史・文化等）に対し、再び身近さを取り戻す「自分事化」がきっかけとなる。かつては暮らしの中で自然に身に付いていたはずのこの感覚・認識を回復するのである（あらためて自分との関係を「承認」すること）。これが内部者の「気づき1」である。「気づき1」を持つ人々はすべて「内部のキーパーソン（意識、活動、統合）」である。さらに学びを深めることで「自慢できる資源はない」という自信喪失の状態から、自地域資源を見直し「価値」を再発見する目が開かれるだろう。無価値だと蔑んでいた（無視していた）資源を「評価」できるような認識転換が起こるはずである（「気づき2」）。特にこの「気づき2」には外部者の視線による刺激＝外部情報の持つ意味が大きい。

　こうした二方向のベクトルが「交錯」し「共鳴」しあうとき、キーパーソンが育成されつつ、観光まちづくりに向けた第一歩が準備されるのではないか。通常の観光まちづくりは外部の視点をことさら重視し、「発見」「関心」のみが前面に出た観光ビジネス化、居住者の日常を「非日常」に置き換えた「テーマパーク化」へと向かう（「外来的観光まちづくり」）。こうした観光ビジネスは、一部の観光関連業者のみが潤い、多くの地域住民とは疎遠になる。その一方で住

民は日常の暮らしを好奇の目で覗かれ、さらには観光ボランティア要請のような荷重負担が住民にのしかかる。その結果、観光への嫌悪を増幅させてしまうケースもある。したがって、この仕組みづくりは、観光／非観光をめぐる住民対立も覚悟しつつ、慎重に長時間を要して創り上げていくしかないであろう（たとえば滋賀県高島市針江地区の事例を参照[17]）。少なくとも、二つの気づきを有する内と外の視点の交錯から観光まちづくり運動を進めていくべきである。

3. 内発的観光まちづくりの仕掛け

(1) 住民の気づきを誘発する仕掛けの事例
1) オンパクの手法

2001年、別府八湯温泉博覧会として始まった「オンパク」は、「地域資源の発掘とそれらを生かした体験プログラムの考案・実施により、住民が自らの地域を知り好きになることで、地域の良さや素晴らしさを認識し、住民の誇り（シビックプライド）の再生につなげていく手法」[18]として全国の温泉地に広がった。吉澤（2015）によると、オンパク実施19団体へのアンケート集計結果から、オンパク導入後に「地域の賑わいが向上した」（68.8%）、「ボランティアガイド等、市民が活躍する場が増加した」（83.3%）など、住民参加に関して高評価であることが実証されている。

オンパクの理念と運用について確認すると、「観光専科」ではなく「ソーシャルキャピタル」を育む仕掛けであり、「〔せいぜい20人までの〕小規模プログラム」「地域の資源を活かし、地域人が考え、地域の人材が主役の体験交流型イベント」である。したがって集客力を高める観光ビジネスではなく、外部者の視点を活用した地域資源の発掘・活用のための手法だといえる。観光まちづくりとはいえ、観光以上にまちづくりに主眼があるといえるかもしれない。

吉澤（2015）では、オンパク手法によって「着地型観光」「6次化産業」「女性、若者などの小規模企業の支援」が実現可能だとしているが、そのためには専門的な手法・技術を学ぶ機会が必要であるし（図2の（B）を参照）、何よりも地域内外をコーディネート、マネジメントできる組織が不可欠であろう。別府

温泉では、NPO法人ハットウ・オンパクの事業運営力が秀でている[19]。17コースのまち歩きプログラムを常時実施し、オンパク開催期間中（年2回約3週間）では100種類以上ものプログラムが提供されるという。こうして年間1万人以上が別府のまち歩きを堪能するのである。またハットウ・オンパクは、地域の多種多様なオンパク・パートナー（観光事業者、地域づくり団体、個人、商店街関係者、学生等）をコーディネートする機能も持っているという。

しかしながら、著名な温泉地という元々の観光地であり、しかも「観光カリスマ」を代表理事にすえるハットウ・オンパクと同様の仕組みは、他の地域に導入することは容易ではないだろう。

2) 生涯学習としての観光まちづくり

そこでより一般的な（非観光地でも可能な）手法は何か。その一つは生涯学習の一環として気づきを誘発する取り組みだろう。まち歩きやイベントに限らない、地道で多様な地域の学び＝「(A) 意識啓発（気づき）」プログラムを住民に体験してもらう仕掛けである。

福留強は「「観光まちづくり」は、「生涯学習まちづくり」の活動の一環として存在している」とし、市民の力を活用して、「地域資源の発掘・利活用」「もてなし力の向上」が観光振興につながることを強調する[20]。前者については、①「探す活動－観光資源を探すこと」→②「調べる活動－地域資源を調べること」→③「推理する活動」（成り立ちや過去未来を推理

写真7　公民館活用を考えるワークショップ風景
（愛知県豊橋市）

写真8　「川崎学」が行われている場・川崎市生涯学習プラザ

する）→④「整理する活動」（情報整理、体系化）→⑤「創造する活動」（「地域に光が見当たらなければ、地域の宝を創造する」）の五段階を挙げる。この過程で生じる認識（転換）こそ、前述した内部者の二つの気づきであろう。そのうえで、「(B) 活動・事業支援」を次のプログラムとして導入することができる。

こうした気づきのプログラムは、有名な観光地ではない、普通の地域住民の学びを通した観光まちづくりを考えるうえで興味深い。ただしこの手法も、おそらく都市部でしか通用しないのではないだろうか。そもそも転勤や就職・結婚等による地域外からの移住が常態化している中枢都市では、内部にすでに外部者の視点が入り込み、自地域を学びたいという意識の強い市民が少なくない[21]。

それゆえ課題は、観光まちづくりに活路を求めているにもかかわらず、住民が動かない（動けない）地方の中小自治体ではどうしたらよいかであろう。このような地域でも通用する手法を見出さねばならない。

(2) 外部人財の活用

現在 1718 の市町村（東京 23 区は除く）のうち政令指定都市は 20、中核市は 45、施行時特例市は 39 であり、これら中枢都市は合計しても 104、全体のわずか 6％にすぎない。残りの 94％を占める人口 20 万人未満の普通市 686、町村 928 のなかには、内発性・主体性が観光まちづくりには大切だといわれても、実際にはなかなか動かない（動けない）地域も少なくないはずだ。きっかけとしての仕掛けが必要となる。それが外部人財の活用である。

特に 797（274 市、523 町村、全体の 46％）に及ぶ過疎市町村－過疎地域では観光まちづくり（むらづくり）がきわめて重要な地域発展戦略になっている－では、すでに外部人財の導入が活発化している。近年、国、県、市町村、NPO 法人による過疎市町村に向けた外部人財による支援制度が増えてきた。

表1　地域おこし協力隊（受け入れ隊員数と自治体数）

	2009年度	2010年度	2011年度	2012年度	2013年度	2014年度
隊員数	89	257	413	617	978	1511
自治体数	31	90	147	207	318	444

（資料）総務省ホームページ（「地域おこし協力隊」）。

なかでも総務省による「地域おこし協力隊」が激増している。表1に掲げたように、2009年度にスタートした同制度は5年後の14年度には隊員数17倍、受け入れ自治体数は14倍へと数を伸ばしているのである。

　もちろん課題がないわけではない。一般に、短期移住（1～3年程度）による外部サポートの課題は以下の点に認められる[22]。①事前研修の欠如、②活動期間中のサポートの脆弱さ、③短期移住終了後の就職支援の不備。すなわち、熱意を持つ外部人財の能力を活かす条件が未整備なのである。観光まちづくりに焦点を絞れば、①事前の総合的な地域学習（地域資源に対する「関心」から「共感」へ）、②活動期間中の悩み相談・（取り組みに）必要な人財の紹介・（技術等を学ぶための）研修会等、③受け入れ地域による起業・就業支援、が必要となる。

　③の「起業・就業支援」に関しては近年仕組みが整えられ始めているが[23]、①②は未整備のままである。実際この間の地域おこし協力隊制度に関して、彼・彼女らをうまく活用できていない（彼・彼女らの能力が発揮されていない）地域は、地域内部に調整できる人（世話役）の不在が問題だとの指摘が現場から出され始めている[24]。すなわち、外部人財の情熱やアイデアや能力を活かせる仕組みが地域にあるのかどうか、この点が鍵となる。地域おこし協力隊に限らない。年数回の短期型交流による外部人財の受け入れでも同様だ。外部刺激を強調するだけでは、地域住民の拒絶ないし無関心の壁を打ち破れず、「仕掛け」にはなりえない。

　以上を整理すれば、①外部人財の受け入れ→②その熱意や能力・アイデアの活用→③内部人財との協働→④内発的観光まちづくりの進展、この一連のプロセスを回す仕組みが必要だといえる。この仕組みの要がいわゆる「中間支援組織」である。最後にこの組織にふれることで総括としたい。

4. 中間支援組織の意義～外部人財による場の活性化に向けて～

　中間支援組織とは、ある目的に向けて多様な人財・活動・情報をつなぎまとめる組織であるが、観光まちづくりの現場では、たとえば大社（2013）のいう

「プラットフォーム型観光まちづくり組織」に近いだろう。大社によれば、「①多様な主体が参画する場であり、②地域のある種の代表性を有しており、③域内資源を活用した商品やサービスと域内外のマーケットとをつなぐ窓口機能を果たし、④法人格を有する」(p.235) 組織である[25]。しかし本章の問題意識でいえば、あるいは現在の（特に中小自治体の）観光まちづくりで課題となっているのは、上記①の局面にある。形式的に②と④を整え、外部専門家に③を任せることはできても、①は進まないからである。

そればかりではない。二段階の気づきなき外部専門人は、地域内への視点（まちづくり）よりも外部市場へ目を移し、ひたすら外部のまなざしから好ましいとされる地域の魅力（たとえば「農村らしさ」）を観光消費商品として創造しつづけるだろう[26]。こうした観光戦略すなわち「外来的観光まちづくり」では、地域の持続可能性を保証しない。

それを避けるために、中間支援組織は、内外の人財情報を本人の同意のもと集約し（＝人財バンク）、あわせて地域内での既存の取り組み・活動・集まりの情報、外部支援の情報（補助金、活動支援）も集約（＝情報バンク）する必要がある。そのうえで、外部人財とともに学ぶ「意識啓発（気づき）」プログラムを開発することだ。実際は外部専門機関との協働開発が想定される。

この際「統合のキーパーソン」が動かなければ、どんな立派なプログラムを開発しても絵に描いた餅に終わるだろう。しかし「統合のキーパーソン」が奔走しても、地の人は動かない（動けない）かもしれない。その場合は思い切って、（「統合のキーパーソン」の容認のもと）外部キーパーソンが「勝手に」動くしかない。摩擦が生じたときこそ「統合のキーパーソン」の存在意義がある。二段階の気づきを経た外部キーパーソンが起爆剤となることで、内部人財の気づきが進み、両者の協働の取り組みが促進され、内発的観光まちづくりの土台部分が確保されるだろう。この意味で、外部人財こそ、動かない（動けない）中小自治体での内発的観光まちづくりの仕掛けになるのではないだろうか[27]。

本章では、観光マネジメントについては触れなかった。現実の多くの（数的には圧倒的に多い中小自治体の）観光まちづくりの課題は、マネジメント戦略以前にある（内発性の欠如＝住民不在）という認識があったからだ。

今後地域の持続可能性を高めていくには、伝統保持に腐心するだけでは限界がある。外部の視線によって地域（内部人財の意識）が変わり、地域人の繰り返される日々の営みや価値観に共感することで外部人財の意識も変わる。こういう内外人財の＜共変わり＞が重要になるだろう。気づきから動きへと飛躍する＜共変わり＞こそ人財育成である（図3参照）。内発的観光まちづくりは、こうした人財育成プログラムと共にあるべきだと思われる。

（岩崎　正弥）

【注】
(1) 本章では「人財」という表現を用い、あえて通常の「人材」を避ける。「人材」とは英語の Human Resource であり「人的資源」と同義である。そもそも人的資源論は第一次世界大戦以降の総力戦体制構築の過程で登場した概念である。人的資源論は、戦争遂行のために物材（物的資源）の動員とならんで、人々を優秀な労働力、頑強な兵士、（壮健な子供を産む）皇国の母という、国家に「貢献」する「人的資源」へと錬成・動員するための概念装置として機能した。したがって「貢献」できない人は「人的資源」ではなく切り捨ての対象とされた。こうした概念を無意識に継承しているように思える「人材」という用語の危うさから（吉田敏浩『人を"資源"と呼んでいいのか－「人的資源」の発想の危うさ－』現代書館、2010年）、ここでは「貢献」できない人も含めて大切な存在として扱いたいという意図を込めて、本章では「人財」と表記する。
(2) 岡村祐・野原卓・西村幸夫「我が国における「観光まちづくり」の歴史的展開－1960年代以降の「まちづくり」が「観光」へ近接する側面に着目して－」『観光科学研究』第2号（2009年3月）。
(3) 西村幸夫編著（2009）『観光まちづくり－まち自慢からはじまる地域マネジメント－』学芸出版社、p.12。
(4) 稲葉陽二（2011）『ソーシャル・キャピタル入門－孤立から絆へ－』中公新書。
(5) 梅川智也・堀木美告（2009）「観光まちづくりの現状と動向」『ランドスケープ研究』第73巻第2号。
(6) 主として愛知県東三河（奥三河）地域、長野県南信地域における筆者の調査研究（参与観察）に基づく整理である。特に観光まちづくりとしての論考ではないが、これら調査の関連文献として、『場の教育』（高野孝子との共著、農文協、2010年）、「山村経済と過疎－三遠南信の現実から－」『日本民俗学』第245号（2006年）、『中山間地域におけるソーシャル・キャピタル（地域力）報告書』（愛知大学中部地方産業研究所、2005年）を挙げておく。
(7) 鶴見和子（1996）『内発的発展論の展開』筑摩書房。

(8) 青木孝寿「「地域主義」研究集談会松本大会」『地方史研究』第156号（1978年12月）.
(9) 保母武彦（1996）『内発的発展論と日本の農山村』岩波書店.
(10) 市井三郎（1963）『哲学的分析－歴史・社会・論理についての基礎的試論－』岩波書店、p.33。
(11) 鶴見（1996）では「発想的キーパーソン」「実践的キーパーソン」が、光多（2008）ではさらに「意識のキーパーソン」という概念が提示されている（藤井正・光多長温・小野達也・家中茂編著（2008）『地域政策入門－未来に向けた地域づくり』ミネルヴァ書房）。
(12) しかしながら、特に伝統的な地域社会では新しい発想・アイデアが容易には受け入れられないという現実がある。Uターン者でさえ、一旦外に逃げた人＝よそ者だとして居付きの人とは区別されることもある。アイデア・キラーをなくすことが重要である。
(13) 伊丹敬之（2005）『場の論理とマネジメント』東洋経済新報社、p.42。
(14) 「創造的過疎」を掲げる徳島県神山町のまちづくりを主導するNPO法人グリーンバレー理事長の大南信也は、神山町の場の「緩さ」についてこう述べている。「なぜ神山町は移住者を惹きつけるのか。入ってきた人と話をすると、「緩さ」という言葉をよく聞きます。〔中略。神山町では〕「やりたいならどうぞ」という雰囲気が漂っていたと。彼らは、自分たちの思うところを実現する場としては最適だという感覚を持ったようです。そういう「緩さ」が地域外から来た人にも心地いいのだと思います。」（大南信也「雇用がないなら、仕事を持っている人を呼べばいい」『中央公論』2015年2月号）。こういう場が「活性化する場」である。
(15) 廣瀬隆人「「学び」と「参加」のしくみとしての地元学・地域学」『農村文化運動』185号（2007年7月）。
(16) 小田切徳美（2014）『農山村は消滅しない』岩波新書。
(17) 野田岳仁「観光まちづくりのもたらす地域葛藤－「観光地ではない」と主張する滋賀県高島市針江集落の実践から－」『村落社会研究ジャーナル』No.39（2013年10月）。野田論文によれば、住民の任意団体「針江生水の郷委員会」の内なる活動であっても地域内対立をもたらしている。その妥協点は「集落の人びとの生活実感からはなれない観光であるかぎりにおいては、人びとは理解を示すということ」にあると結論づけている。
(18) 吉澤清良「住民参加型の観光まちづくりを考える－地域活性化手法としての"オンパク"に関する基礎的研究」『観光文化』第226号（2015年7月）
(19) 以下、大社充（2013）『地域プラットフォームによる観光まちづくり－マーケティングの導入と推進体制のマネジメント－』学芸出版社、pp.96-107。

(20) 福留強「観光まちづくりの手法と地域活性化への効果－生涯学習の視点から「観光まちづくり」を考える－」『聖徳大学生涯学習研究所紀要－生涯学習研究－』第9号（2011年3月）。しかし筆者は必ずしも「おもてなし」が地域住民の活力向上につながるとは考えない。とりわけ小規模自治体では、都市農村交流事業を通して交流人口を確保する施策を長年実践してきた。お祭りイベント体験や田舎体験塾のような交流観光事業が、地域住民に対する「おもてなし」の（暗黙の）強要によって彼・彼女らに過重負担を強い、疲れ果て（都市民のお世話係化）、「もう観光は嫌だ」と嫌悪する事例を筆者は何度も聞いている。

(21) たとえば川崎のような大都市では、外部者が多く居住し、「川崎学」が市民大学として機能し、市民の気づきへの関心も高いといえる（西山拓（2012）『市民大学と地域学－川崎学のとりくみを中心に－』シーエーピー出版）。

(22) 過疎地域再生プロジェクト研究会編（代表：岩崎正弥）『外部サポートによる過疎地域再生の可能性』（愛知大学中部地方産業研究所、2014年）の「提言」。

(23) 筒井一伸・嵩和雄・佐久間康富（2014）『移住者の地域起業による農山村移住』筑波書房。たとえば起業家育成については、2010年から2年間、内閣府の地域社会雇用創造事業で全国的に展開された実績がある。筒井・嵩・佐久間（2014）では、起業・就業にくわえて、後継者のいない業を継ぐという意味で「継業」というありかたを提唱しており興味深い。起業・就業・継業を通して外部人財の仕事おこしを確保することは、観光まちづくりの裾野と可能性を広げる意味でも重要だろう。

(24) ナビゲーション「若者の移住は地域を救うか？」（NHK名古屋放送、2015年5月1日放映）。同番組では、地域おこし協力隊がうまく機能しなかった事例についても紹介している。

(25) 大社（2013）は「プラットフォーム型観光まちづくり組織」の具体例として、「滋賀県高島市の針江生水の郷委員会」「大分県別府市のNPO法人ハットウ・オンパク」「長野県飯田市の（株）南信州観光公社」「長崎県小値賀町のNPO法人おぢかアイランドツーリズム協会」を挙げている。

(26) 立川雅司「ポスト生産主義への移行と農村に対する「まなざし」の変容」（日本村落研究学会編『消費される農村－ポスト生産主義下の「新たな農村問題」』（農文協、2005年））。

(27) 元外部人財である移住者の役割も軽視できない。外部人財とつなぐ役割を移住者が果たす場合、外部人材とともに動く場合、あるいは独自に移住者が動く場合、さまざまな可能性が考えられるけれど、移住者の能力をうまく活かすことも、外部人財の活用と同時に重要となる。そのことも中間支援組織の大切な役割であろう。

【参考文献】

青木孝寿（1978）「「地域主義」研究集談会松本大会」『地方史研究』第 156 号。
伊丹敬之（2005）『場の論理とマネジメント』東洋経済新報社。
市井三郎（1963）『哲学的分析－歴史・社会・論理についての基礎的試論－』岩波書店。
稲葉陽二（2011）『ソーシャル・キャピタル入門－孤立から絆へ－』中公新書。
岩崎正弥（2005）『中山間地域におけるソーシャル・キャピタル（地域力）報告書』愛知大学中部地方研究所。
岩崎正弥（2006）「山村経済と過疎－三遠南信の現実から－」『日本民俗学』第 245 号。
岩崎正弥・高野孝子（2010）『場の教育』農文協。
梅川智也・堀木美告（2009）「観光まちづくりの現状と動向」『ランドスケープ研究』第 73 巻第 2 号。
大社充（2013）『地域プラットフォームによる観光まちづくり－マーケティングの導入と推進体制のマネジメント－』学芸出版社。
大南信也（2015）「雇用がないなら、仕事を持っている人を呼べばいい」『中央公論』2 月号。
岡村祐・野原卓・西村幸夫（2009）「我が国における「観光まちづくり」の歴史的展開－1960 年代以降の「まちづくり」が「観光」へ近接する側面に着目して－」『観光科学研究』第 2 号（3 月）。
小田切徳美（2014）『農山村は消滅しない』岩波新書。
過疎地域再生プロジェクト研究会編（代表・岩崎正弥）（2014）『外部サポートによる過疎地域再生の可能性』愛知大学中部地方産業研究所。
立川雅司（2005）「ポスト生産主義への移行と農村に対する「まなざし」の変容」（日本村落研究学会編『消費される農村－ポスト生産主義下の「新たな農村問題」』農文協。
筒井一伸・嵩和雄・佐久間康富（2014）『移住者の地域起業による農山村移住』筑波書房。
鶴見和子（1996）『内発的発展論の展開』筑摩書房。
西村幸夫編著（2009）『観光まちづくり－まち自慢からはじまる地域マネジメント－』学芸出版社。
西山拓（2012）『市民大学と地域学－川崎学のとりくみを中心に－』シーエーピー出版。
野田岳仁（2013）「観光まちづくりのもたらす地域葛藤－「観光地ではない」と主張する滋賀県高島市針江集落の実践から－」『村落社会研究ジャーナル』No.39（10 月）。
廣瀬隆人（2007）「「学び」と「参加」のしくみとしての地元学・地域学」『農村文化運動』185 号（7 月）。
福留強（2011）「観光まちづくりの手法と地域活性化への効果－生涯学習の視点から「観光まちづくり」を考える－」『聖徳大学生涯学習研究所紀要－生涯学習研究－』第 9 号（3 月）。

藤井正・光多長温・小野達也・家中茂編著（2008）『地域政策入門－未来に向けた地域づくり』ミネルヴァ書房。
保母武彦（1996）『内発的発展論と日本の農山村』岩波書店。
吉澤清良（2015）「住民参加型の観光まちづくりを考える－地域活性化手法としての"オンパク"に関する基礎的研究」『観光文化』第 226 号（7 月）。
吉田敏浩（2010）『人を"資源"と呼んでいいのか－「人的資源」の発想の危うさ－』現代書館。

（写真は 2013 年〜 2015 年、撮影）

Ⅱ部　中山間地域における観光まちづくり

Ⅱ．中山間地域における観光まちづくり

第3章　足助観光まちづくり再考

　本章では、観光まちづくりの先進地として多くの場において紹介されてきた足助（あすけ）における観光の展開を振り返るとともに、足助観光の現状を地域コミュニティとの関わりにおいて捉えることによって、足助観光まちづくりの課題について考察する。

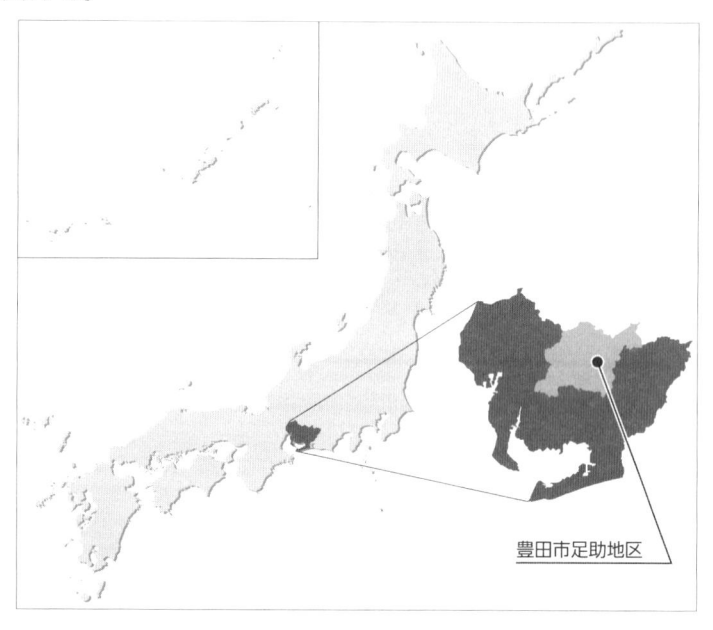

豊田市足助地区

1. 足助における観光の展開

(1) 観光開発の経緯 [1]

　足助の観光といえば「香嵐渓（こうらんけい）」（1930年大阪毎日新聞社社長・本山彦一により命名）が一般に認知されているが、これまでの足助観光の歴史を振り返ると、

香嵐渓に限らず、地区においても形態においてもさまざまな開発が進められてきた。

足助は都市近郊山村であり、中心部（飯盛山・香嵐渓を含む中心市街地）と周辺部の二層構造から成立している。しかしながら、中心部（まち）（＝足助自治区）とそれを取り巻く周辺部（＝14の自治区。「在（の地）」と呼ばれる）との間にはある種の共生関係が成立していたといわれる（図1参照）。観光開発はこれら両地域において複眼的に進められた。

図1　足助地区（旧足助町）の15自治区

また足助の観光開発は、国・県の補助金を活用した行政主導の施設建設型開発（公共事業＝「ハード・ツーリズム」）を中心に据えつつも、足助町時代から住民による(観光)まちづくりの動きも見られていた（「ソフト・ツーリズム」）[2]。以下、五期に時期区分して観光開発の経緯をたどりたい。

1) 第一期（観光開発始動期）－戦後～1975年－

この時期、中心部では、1947年に発足した観光協会による香嵐渓の宣伝PR（もみじまつり等のイベント）に加え、香嵐渓の周辺整備－駐車場整備のほか、66年スケートセンター、69年観光センター、72年ボーリング場、72年ヘビセンター、75年ビジターセンターの建設－が進められた。また地元民間資本（5人の経営主）による「民芸料理店・一の谷」が64年に開業し、郷土料理を提供することで「足助らしさ」の追求を始めた。

他方「在」では、1972～76年にかけて自然休養村整備事業が農林省の第二次構造改善事業の一環として実施された（愛知県内では足助町のみ指定）。このなかで、「室口のシクラメン温室栽培」（椿立自治区）、「漆畑の養鯉業」（椿立自治区）、「御内蔵連のマス釣り（神越渓谷）」（御内自治区）、「三ツ足の栗園」（追分自治区、県のパイロット事業として先行的にスタートし70年に開園）、「大多賀の養淡水漁業」（大多賀自治区）、「あやど高原民宿村」（椿立自治区）など

が、観光農業として開業している。「あやど高原民宿村」は綾渡の「老力」を結集して（6軒の民宿が参加）1973年に開村、のんびりと田舎体験ができる場として都会人からも好評を博した[3]。

2）第二期（第一次総合計画の時期）
　－1976〜85年－

　1976年から85年が足助町第一次総合計画の実施時期であり、観光分野では観光レクリエーション開発を掲げた。中心部（まち）の香嵐渓区域では、1980年「三州足助屋敷」（以下、足助屋敷）が開館した。足助屋敷は山村振興法（1965年）に基づく補助事業として建設されている。この施設が目指したものは「人間性創造のための文化型観光」であった。すなわち「訪れる人々との交流のなかで、地域色豊かな文化遺産を公開し、保存・継承しつつ、地場産業に育て、所得を得ると同時に、地元の民度をひきたて、愛郷心を高める」「生きた民俗資料館」が目指されたのである[4]。開設以来19年間の概算事業費は6億3千万円余にのぼる継続的な大型事業であった。

　また中心部では町並み保存運動も展開された。1975年、町屋の価値を見直そうとする30人余りの人々が結成した「足助の町並みを守る会」がきっかけである。「香嵐渓だけでなく町中にも観光客が訪れるように、また一季集中型観光ではなく通年型観光にしたい」[5]という思いが込められていたという。この運動はしだいに盛り上がりを見せたが、条例制定にまでは至らず、同会は97年「足助まちづくりの会」に合流した。

　その一方「在」では、1978年「愛知勤労者いこいの村」が明川（明和自治区）にオープンした。同地区は愛知高原国定公園内に位置し、36ヘクタールにも及ぶ広大な敷地のなかには宿泊施設のほか各種スポーツ施設等が立ち並び、年

写真1　あやど高原民宿村チラシ
「都会に自然の心を呼びかける！」と書かれている

間 2 万人以上の利用客でにぎわったが、91 年から赤字に転じ 2001 年には閉鎖に至った。同地区の開発には早くから民間組織も関わったが（伊勢神地域総合開発促進協議会 1970 〜 2011 年）、2015 年現在、新組織による住民参加型の観光まちづくりに継承されている。

3) 第三期（第二次総合計画の時期）
－ 1985 〜 95 年 －

写真 2　1978 年開館、2001 年閉館となった「愛知勤労者いこいの村」の全景（足助観光協会提供『足助観光協会創立 50 周年記念誌』より）

足助町第二次総合計画では「あすけロマン」をうたい、「農工商観の"四位一体"」すなわち産業間連携が積極的に打ち出されたが、公共事業に基づく施設建設型の観光開発は継続された。

1988 年より香嵐渓のライトアップが始まり、85 年頃より飯盛山のカタクリ保護などもあって香嵐渓への観光客が増加する。また 93 年には真弓山山頂に「足助城」を復元した。だがこの時期何よりも特筆すべきは、「生涯現役」をうたって 90 年に足助町（足助自治区）にオープンした「足助町福祉センター百年草」であろう。同施設は「福祉観光」を前面に出し、高齢者の就労の場を確保すると同時に、観光宿泊施設としても機能させる新しいタイプの構想であった。町制施行 100 周年事業として各種補助金を原資として建設している。

1980 年代後半はリゾート開発の時代であり、全国の農山村は外部大手資本によるゴルフ場、スキー場などの大型リゾート開発の波に覆われたが、足助ではこの時期に新たな大型開発は行われていない。そして 90 年代に入ると、リゾート開発に代わって体験・交流型観光のグリーン・ツーリズムが脚光を浴びることになる。すでに足助では「あやど高原民宿村」のようなグリーン・ツーリズムの先駆けといえる観光も推し進められていたが、この時期「在」における過疎化の進行は著しく、1987 〜 97 年の間に五つの小学校が閉校になるほど暮らし自体の危機感が強くなった時期であった（この時期は全国的にも自然減過疎と呼ばれる新たな状況に突入している）。

4）第四期（第三次総合計画の時期）－1996～2004年－

　理想郷（シャングリラ）を目指した足助町時代の最後の第三次総合計画では、「山里」「文化」「交流」をキーワードに観光開発が継続された。しかし同計画は、「ハード・ツーリズム」に対し「ソフト・ツーリズム」を強調し、既存施設のてこ入れを図る（例えば「足助屋敷」では98年「工人館」建設8452万円、99年「足助屋敷遊空間」建設2472万円等）一方で、住民参加型の（観光）まちづくりの動きが、「まち」「在」を問わずしだいに活発化した。例えば「AT21倶楽部」（足助の21世紀の観光を考える会、1993年発足）の活動（「中馬のおひなさん」「たんころりん」等）、「観光ボランティアガイド」の活躍（1998年～）などである。ただこうした住民参加の観光まちづくりは突然登場したわけではなく、やはり70年代以降の「足助の町並みを守る会」をはじめとする住民運動の伝統や、「足助人学校」など人づくりの取り組みが背景にあったといえるだろう。

5）第五期（豊田市観光基本計画の時期）－2005年～現在－

　2005年に足助町は周辺5町村とともに豊田市に合併された。その2年後の2007年に策定された『とよたおいでんプラン（豊田市観光交流基本計画）2007～2017』では、「観光まちづくり」を前面に掲げている。観光まちづくりとは、「地域が主体となって、自然、文化、歴史、産業など、地域のあらゆる資源を生かすことによって、交流を振興し、活力あふれるまちを実現するための活動」だと定義された。一方では香嵐渓を中心とする景観保全を行いつつ、他方では「在」における山里体験を重視した取り組みを整備することで、来訪者の回遊性を高めた観光まちづくりを狙っている。

　山里体験は、閉校になった椿立小学校を活用した「あすけ里山ユースホステル」（1998年～）、循環型の森林活用を目指す足助炭焼き塾（冷田自治区、2003年～）、スローライフの可能性を追究する「NPO法人都市と農山村交流スローライフセンター」（荻野自治区、2004年～）、交流と体験から里山文化を学ぶ新盛里山耕流塾（すげの里）（新盛自治区、2011年～）などの取り組みが一部合併前から始まっている。

　また中心部（まち）においても2010年、豊田市景観条例に基づき足助景観

計画が定められ、まちづくり推進協議会での議論を経て 11 年に「重要伝統的建造物群保存地区」(重伝建) に選定された。足助屋敷という＜施設を見せる観光＞の入り込み客数が減少している近年 (2008 年 7 万 2415 人→ 2013 年 5 万 3558 人)、町並みという＜生活空間を見せる観光＞の重要性は増しているだろう。

写真 3　旧椿立小学校を活用した「あすけ里山ユースホステル」(椿立さとやま：椿立地区)

　以上、足助の観光開発は、地区としては「まち」と「在」、形態としては「ハード」を主としながら「ソフト」も進められてきたが、近年は明らかに住民主体、地区主体の観光まちづくりへとシフトしている。しかし一貫して流れている理念、それこそ「足助らしさ」の追求にほかならない。

(岩崎　正弥)

(2)「足助らしさ」の追求と「まちづくり型観光」の創造

　観光まちづくりに関する書物 (『観光まちづくりの力学』) において、「観光まちづくりの多くの事例は 1990 年代後半から話題になったが、早い事例ではすでに 1970 年代あたりから着々と取り組まれてきた。」(pp.9-11) として「"観光まちづくり"の言葉で括られる事例」の一つに挙げられているのが「足助町」(旧足助町) である。

　本項では、前項でみた観光開発の経緯を踏まえ、観光を切り口とした足助のまちづくりにおけるイメージ形成と、それが広く外部へ発信されていったプロセスについてみてゆく。

1)「足助らしさ」の追求と三州足助屋敷

　『足助 1 世紀』(足助町発行) によると、「足助の町は、郡の政治・経済の中心地」であるため、「大正から昭和期に入ると歓楽街型観光地の様相を強め」たが、その「勢力圏内は町内を中心にせいぜい郡内に限られて」いたという (p.126)。

そのため、もみじの名勝である香嵐渓の知名度は徐々に広まっていったとはいえ、足助という地名が観光、さらには、まちづくりという二つの局面にまたがって広まっていくのはもう少し先のことであった。

前節で述べたように、足助町においては、1960 年代終わりから 70 年代にかけて次々と観光施設がオープンしたが、それらの観光施設の開業だけでは、足助の名がこれほど広く知られることにはならなかったであろう。「香嵐渓」という観光地名とは異なる「足助」という地名が全国的に広く発信されるようになった契機は、足助屋敷の開館（1980 年）であろう[6]。では、足助町において、「観光施設」の一つである同館が足助観光まちづくりとどのような関わりを持っていたのであろうか。以下、足助町から発行された記念誌を中心にみてみたい。

『足助物語』（pp.38-39）には、次のように記されている。1970 年代前半から始まった若者の都市部への流出によって、昭和「25 年（1950）に 1 万 7000 人と最も多かった人口が、20 年後の 45 年には 1 万 2000 人と大幅に減少」、し「山や田畑の維持が難しくなっていく、山林が手入れもされずに売りに出される。町外の業者と観光開発の話が交わされる。新しいライフスタイルに合わせて農家が改築・新築されるたびに、おびただしい数の民具が廃棄される。山里の暮らしと文化を伝える品々が、古いというだけの理由で。営々と築いてきた山里の暮らしが維持できなくなる——」。このようななか、足助町は 1970 年には過疎地域の指定を受けることになったが、これは「新たなまちづくりを模索する契機」となった。そして、「「足助らしさとは何か」を問いかけるさまざまな試み」として、「足助町が足助町らしくあるために」、「美しい自然と長い歴史や伝統」を「守り、活用する」という「自然を活かした観光の試み」が始まったという（その試みの一部については、前節を参照）。

このようななか、1970 年代前半、足助屋敷の建設構想が持ち上がるが、その背景について『したたかな山の暮らしに学ぶ　三州足助屋敷の 10 年』では、次のように記されている。「戦後は、香嵐渓の広場に都市公園的な発想で、噴水や演舞場を作り、整備してきた。ところが、昭和 39 年に農家を移築して、「一の谷」という郷土料理店を 5 人の異業種の仲間で始めた」が、それは、「都会に対して足助の存在価値は何か、足助の原風景は何かを考え、時代の流れに

流されることなく、山里足助を考え、「観光とは地域文化の創造である」という概念のうえに立った行動であった。この考え方に共鳴し、まちもその後、香嵐渓の整備の在り方を考え直し、木造草葺の建物を基本に、清潔な山里の自然公園として整備してきた」(p.7)。そのため、同館は「噴水など、都市公園的発想で整

写真4 「三州足助屋敷」内の風景

備してきた香嵐渓を、木造草葺という足助固有の風景の創出へと方向転換」し、「「保存」のみの資料館ではなく、地域振興を推し進める「経済」をプラスした施設」(pp.8-9)であるという。

　足助屋敷（管理経営は「足助町緑の村協会」）が開館した背景には、発案者のカリスマ性のもと[7]、足助町における地域文化への新たな価値付与あるいは地域アイデンティティの具現化というプロセスをみることができる。

2)「足助らしさ」の発信とまちづくり

　「歴史ある町並みや山里の自然の美しさ、昔さながらの伝統的な手仕事のある暮らし」を再現する「生きた民俗資料館」である足助屋敷は、「足助らしさを大きく打ち出して日本全国に知れ渡った」(『足助物語』p.42)というが、それは「足助町がもつ歴史や自然、人を生かした新しい観光の開発」(p.47)であった。地域文化の見直し作業の延長線上において発案されたという同館は、「足助らしさ」を追及した足助観光まちづくりのシンボル的存在として位置付けられていたことが伺えるが、ここで注目されるのが、同館の存在を広めるプロセスにおけるメディアの力である。たとえば、「山里の民俗伝える　まちづくりの原点」[8]という見出しの新聞記事は、同館がまちづくりの原点であったことを伝えている。また、「息づく　ふるさと　香嵐渓に開館　鍛冶、炭焼き、竹細工・・・」というイラスト入りの紹介記事は、10を数える他社紙上にも

写真5 「三州足助屋敷」施設内における手仕事(わら細工)の実演風景

掲載されるなど(『足助物語』pp.73-79)[9]、同館は広くメディアにおいて取り上げられてきたことがわかる(なかには英字新聞における紹介記事もある)。

足助屋敷の開館を機に、観光まちづくり先進地として広く知られるようになった足助町におけるまちづくりについて考える際、重要であるのが「足助ロマン」という足助町総合計画である。足助屋敷開館年(1980年)が含まれる「1975－1985　足助町総合計画書」(第一次)においては、足助の自然や文化の重要性が観光という局面(「足助観光レクリエーション」という表現が使用されている)において強調され[10]、「観光レクリエーション開発は郷土づくりの一環である」と謳われてはいるものの、「まちづくり型観光地」という表現が登場したのは第二次総合計画「足助ロマン」においてである。「「足助ロマン」では「「足助らしさ」をいかにまちづくりにつなげていくかがテーマだった。」(『足助物語』p.46)という。

同計画書では、たとえば、「天然色の山里　足助」など、「足助の観光のスローガン」に「山里」という言葉が使用され、「足助の文化をつくる」、「山村のやすらぎ、香りをもっと魅力的に主張できるような活動を進めるために、地域ぐるみで足助の歴史や伝統文化を学び、それを土台に新しい文化創造をする気風と場づくりを進める。」(p.56)として、「まちづくり型観光地をめざす――総合的な観光地づくり」が謳われ、「足助観光」という表現が登場している。そのなかで、足助屋敷は、「まちづくり型観光施設の典型である。地域の生活文化を「宝」に提供して、成功した。車社会に合わせて町営駐車場を設けて、受け入れ体制を整え、観光地整備のための自主財源確保に努めてきたことも、成功した一因だろう。」(p.128)と評価されている。

3. 足助観光まちづくり再考

　足助観光まちづくりが観光まちづくりの先進地として全国的に知られるようになった背景には、先述のように新聞などの媒体の他、研究者やジャーナリストなどの存在があるが、ここで注目したいのは、自治体の総合計画や産業振興計画の策定に携わるコンサルタント機関の存在である。「まちづくり型の観光地をめざす」と謳われた総合計画「足助ロマン」の策定に関わったコンサルタント機関によれば、「山村の直面する課題とめざすべき将来像を、地元の方言による会話体で表現し、話題となった」同計画書は、「その後、全国の自治体の計画づくりにも影響を及ぼし、「足助以降」という言葉が普及することに」なったことが発信されている[11]。同機関は、「足助ロマン」の次の総合計画策定にも関わっている。

　先述の『観光まちづくりの力学』では、観光まちづくりの関連文献などのなかで比較的重視して取り上げられるものについて、それぞれの地域が独自に発信する情報も勘案しながら選択された地域の一つとして足助が挙げられている。同書の著者は、「観光まちづくりの事例と見なされながら、当該の地域ではそう呼ばれるのに違和感をもつ場合もあるようだ。」（pp. 10-12）、と述べているが、足助町からの発信をみると、足助町は自らが観光まちづくりを全面に出し、それを積極的に発信してきたことがわかる。

　「まちづくり型観光」を目指す足助町の動きは、足助屋敷開館から10年後の福祉センター百年草のオープンに引き続きみることができる。『足助物語』によると、同センターは、「足助らしい福祉」として「「生涯現役」のキャッチフレーズのもと、「町民の「健康と福祉活動の拠点」であると同時に、「交流の拠点」として、観光客を受け入れる・・・、そして「生きがいの拠

写真6　百年草の全景

点」として…一大ブームを巻き起こした。」(p.48) という。新聞紙上において、同センターは、「伝統生かし、「過疎」を「元気」に変える町。」として、また、観光まちづくり関連出版物においては、「足助町では、福祉センターに観光施設の機能を持つようにして、シルバー人材の生きがいの創出と特産物の開発を両立させた。」[12]と紹介されている。開館後、同センターへは視察が相次いだという[13]。

このように、「足助らしさ」の追求を掲げた事業は一層発信力を高めていったが、それは足助町の、観光まちづくりに関わる数々の受賞に見ることができる。次は、そのおもな受賞リストである[14]。

1986 年	足助町がサントリー地域文化賞受賞（受賞名「足助ロマンの町づくり」）。
1987 年	足助町が国土庁・農村アメニティーコンクールで優良賞受賞。
1989 年	「手づくり郷土賞」（建設省）受賞（町並み保存、川を守る運動等）。
1993 年	福祉センター百年草が愛知まちなみ建築賞大賞受賞。
1998 年	福祉センター百年草が読売新聞主催「ふるさとフェア―大賞」受賞。
1999 年	足助町・足助観光協会が「優秀観光地づくり賞」「金賞・運輸大臣賞」（社）日本観光協会より受賞。
2003 年	「中馬のおひなさん」が（財）地域活性化センターより第7回ふるさとイベント大賞・文化交流部門賞受賞。
2006 年	三州足助屋敷が「むらの伝統文化顕彰大臣賞」（農林水産省）受賞。
2008 年	足助観光協会が「花の観光地づくり大賞」（（社）日本観光協会）受賞。

受賞リスト内にはないが、足助における「第1回「全国町並みゼミ」（1978年）や「サントリー文化財団主催・地域は舞台 in 足助開催」（1997年）の開催は[15]、「まちづくり型観光」先進地としての名をさらに広めていく役割を果たしたであろうことが推測される。

「足助らしさ」の追求としての文化創造が「観光」と「まちづくり」という二つの局面を融合させ、広く発信されていったプロセスからは、文化政策としての足助観光まちづくりを、そして足助から発信された「足助らしさ」の価値をさらに広めていった、広い意味におけるメディアの力をみることができる。

（安福　恵美子）

2. 足助観光の現状と地域コミュニティ

(1) 香嵐渓・町並み区域におけるイベント観光

　本項では、足助観光の展開において、その中心的存在として整備が進められていった香嵐渓と、その北側に位置し、住民によるまちづくりの活動が広く知られてきた町並みを含む区域における観光の特徴的形態をイベント観光と捉えることによって、同地区における観光活動を概観する[16]。

1) 香嵐渓観光

　「足助」という地名を知らない（あるいは読み方がわからない）人にとっても、香嵐渓は紅葉の名所として知られていることが多く、なかには、「香嵐渓へ行った」が、「足助へ行った」とは認識していない人もいるなど、香嵐渓は足助において一番知名度が高い観光資源である。『足助物語』によると、戦後、1940年代後半あたりから観光復興が始まった足助では、1950年代前半ごろにかけて、「香嵐渓」の知名度を高める活動（たとえば、足助町観光協会の設立（1947年）、香嵐渓もみじまつりの開催（1950年）、「足助八景」の選定（1953年）など）が行われ、「町民の活発な宣伝活動により、観光地「香嵐渓」の知名度が徐々に高まっていった。」（pp.30-32）という。

　「東海随一のもみじの名勝」[17]として知名度が上がっていった香嵐渓地区には、現在、駐車場、宿泊・体験施設、飲食店、土産物店などが点在している。香嵐渓への来訪者数は、統計が存在する1972年から徐々に増加し、約154万人（2001年）をピークに、現在は減少傾向にある[18][19]。しかし、減少傾向にあるとはいえ、足助地区全体における年間来訪者数の約8割を占める香嵐渓において毎年開催される「香嵐渓もみじまつり」（以下、「まつり」）期間中（11月）には、香嵐渓への年間来訪者数の約半数が集中する[20]。紅葉の見ごろは年によって異なるものの、シーズン中はその混雑ぶり、なかでも、道路渋滞がメディアにおいても取り上げられてきた[21]。

　足助観光協会（以下、「観光協会」）によると、渋滞緩和のため（渋滞により昼間紅葉を見ることができなかった来訪者が紅葉を見ることができるように）、

▲写真7　香嵐渓で紅葉を撮影する観光者
▶写真8　「香嵐渓もみじまつり」開催中の風景

　1988年から始まったライトアップの取り組み（現在、広く全国各地で行われているライトアップの先駆け）であるが、逆に夜まで渋滞が続くこととなり、住民の通勤時間帯と重なることによって、より悪化したという。さらに、近年では、インターネット上で観光協会から発信される紅葉の様子を確認できることから、これまで以上に、紅葉の見ごろに観光客が集中するという現象が起きているという[22]。

　まつり期間中、香嵐渓では町並みの商店（菓子店など）が出店販売をおこなったり、多くの屋台が出て飲食サービスが行われるなど、香嵐渓はまさにイベント観光スポットとして昼夜を問わず賑わう。旅行会社によると、香嵐渓は、紅葉シーズン中は大型観光バスのツアー目的地として集客できる観光地であり、ツアー参加者の満足度も高いという。「まつり」期間中、多くの人で混雑する園内では、通常時より多いゴミ箱や仮設トイレの設置などによって、多数の観光客に対応できる体制が整えられている。

　香嵐渓では、紅葉シーズンという特定の季節集中型観光の分散化を図る取り組みが行われており、その一つが、カタクリ（イベント名は「飯盛山のカタクリ」）である。カタクリは、ボランティア組織「香嵐渓を愛する会」（香嵐渓地内とその周辺に店を持つ人たちが主なメンバー）によって群生地の育成が行わ

3. 足助観光まちづくり再考　67

写真9　カタクリ鑑賞ツアーバスが到着した駐車場の風景
写真10　飯盛山におけるカタクリ鑑賞の風景

れている。「飯盛山のカタクリ」は、毎年、メディアによっても取り上げられ、カタクリの花が咲く3月下旬から4月下旬にかけて、カタクリ鑑賞を目的としたバスツアーも運行されるなど、香嵐渓は山野草愛好家を中心に賑わいをみせる。

　このように、分散化への取り組みがみられるものの、紅葉というイメージが定着している香嵐渓では、「まつり」期間中、周辺の道路渋滞は住民生活へも影響を与えているが[23]、影響を受けるのは観光活動に全く関わらない住民だけではない。たとえば、香嵐渓近くのガソリンスタンドでは、渋滞が発生するほど車が増えることによって、シーズン中は収益が上がるように思われるが、地域住民が顧客であるこのガソリンスタンドでは、紅葉シーズン中の土・日・祝日は逆に住民が車の使用を控えることによって収益は下がるという[24][25]。

　公共交通機関を利用した香嵐渓へのアクセス方法は、路線バスのみで、時間帯によっては本数が少ない。香嵐渓への来訪者数は、駐車場を利用した大型車・普通車の乗車人数を基に出され、路線バス利用者の数はカウントされていないことからも[26]、香嵐渓へのアクセスは車に偏っていることがわかる。第1節2項でも触れたように、旧足助町では、足助屋敷開館後、町営駐車場の整備を行ってきたが、紅葉シーズン（とくに、土・日・祝日）は収容台数をはるかに超えるという状況がみられる[27]。この時期、駐車料金は他の時期より高くなる。香嵐渓付近では、道路沿いに近隣住民が出て、個人敷地への駐車の呼び込みを

行う光景が至るところでみられる[28]。

次項では、おもに観光関連施設が点在する香嵐渓区域とは異なる様相が見受けられる町並みにおける観光の現状についてみてゆく。

2）町並み観光

香嵐渓の北側に、足助川をはさみ、旧街道沿いに約 1.2 km 続く足助の町並みがある。『足助物語』によると、尾張・三河から信州を結ぶ伊那街道（中馬街道）の重要な中継地として、江戸時代から明治時代後半まで、「塩の道」で栄えた商家町である町並みには、映画館、パチンコ屋、さらには明治時代の終わり頃はじめてできた芸者置屋などがあったが（pp.80-84）、足助町が過疎地域に指定された（1970 年）頃には、それまでのような賑わいは見られなくなっていたという（pp.136-137）。そのようななか、保存事業が始まった長野県南木曽町の妻籠宿が観光資源として活用されている状況を参考に、足助においても町並み保存運動がスタートしたという（1975 年に「足助の町並みを守る会」が発足、1997 年に「足助まちづくりの会」へ合流）。同誌によれば、町並み保

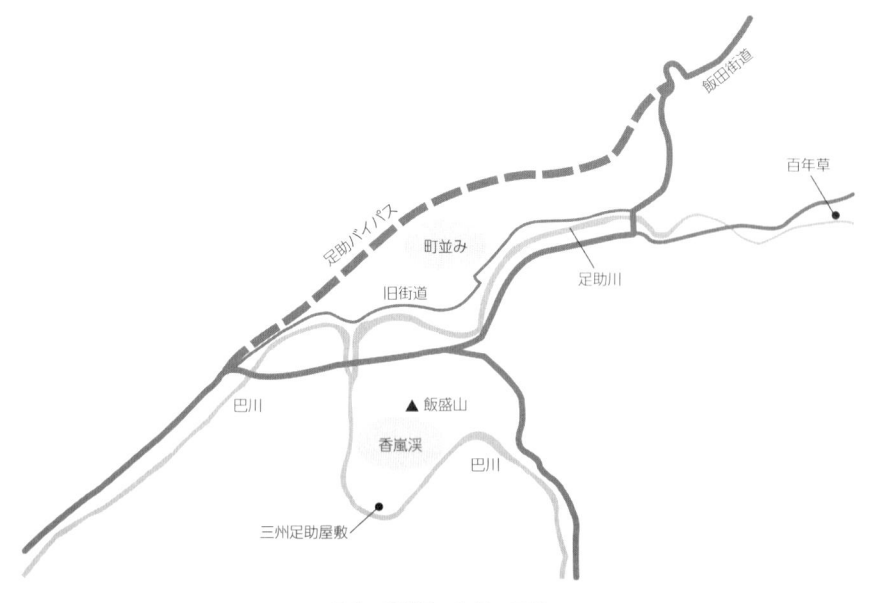

図 2　香嵐渓・町並み区域

存運動の広がりは、「足助らしさ」の追求として、1975年〜1984年にかけて行われた様々な動き（例えば、足助屋敷の開館など）の一つであるという (p.42)。

第1回「全国町並みゼミ」（1978年）の開催地となるなど、これまで、建築、景観、観光、まちづくりなどに関連する多くの場において取り上げられてきた足助の町並みは、観光地として知名度を持つ地域（小布施、妻籠宿、小樽など）の町並みと並んで紹介されてきた[29]。そのため、足助においても観光を強く意識した町並み保存運動が行われてきたと思われがちである。しかし、足助における町並み保存運動は、必ずしも観光と結びついたものではなかったようである。香嵐渓がすぐ近くに位置することから、観光を目的として足助の町並みを訪れた人のなかには、町並みは「観光地」ではないと感じる人も多い[30]。それは、足助の町並みでは、日常的には、来訪者が観光の要素を強く意識するような光景がほとんどみかけられないからである。電線類地中化工事（2013年）が行われた町並みにおいて、ノスタルジックな景観を楽しもうとする来訪者が歩くのは、住民が車を乗り入れる生活道路である。そのため、「生活の場」で

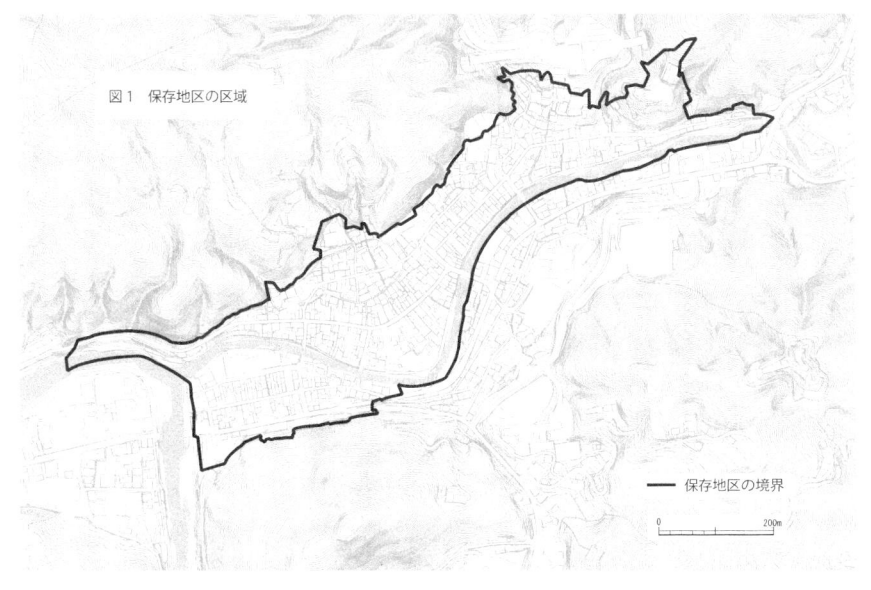

図3 「豊田市足助伝統的建造物群保存地区地図」（豊田市文化財課提供）

◀写真 11 足助支所に掲げられている垂れ幕「愛知県初足助の町並みが「重要伝統的建造物群保存地区」に選定 平成23年4月15日」と書かれている(背後は飯盛山)

▼写真 12 町並みに設置された立て看板「観光客の皆様へお願い」

　ある町並みにおいて、地元車両の通行・駐車を邪魔と感じる一部の来訪者に対しては抵抗感を感じる住民もいるという。
　2011年、町並みは愛知県内で最初の「重要伝統的建造物群保存地区」(重伝建)に選定された(「種別」は「商家町」)。伝建地区選定後発行され、町並み歩きをする来訪者に利用されることが多い「足助　町並み散策ナビ」(豊田市教育委員会発行)には、「お願い」として「地図に掲載している個人住宅は非公開です。町並み散歩の際には、住民の方のプライバシーに十分配慮していただくようお願いします。」と書かれている[31]。町並み歩きに対する関心が高まっている近年、足助の町並みでは、とくに伝建地区選定以降、来訪者の増加がみられるというが、観光協会は、町並みの5カ所に「観光客の皆様へのお願い」という立て看板を設置し(2015年6月)、街中には地元車両が通行することを知らせている(写真12)。
　町並みにおいて、来訪者が観光的要素をあまり感じないのは、特に商店をみたときであろう。それは、明らかに観光客を意識したような店が町並みではほとんど見かけられないからである。そのため、町並みに比較的来訪者が多くみられる日(とくに土・日・祝日)や、平日であっても町歩きの団体がみられる

とき、あるいは、メディアで取り上げられることが多い店（たとえば、菓子店や飲食店など）が客で混在している光景をみるときなどを除くと、町並みは来訪者にとって特に観光の場とは映らないようである[32]。

足助町商工会発行の記念誌（1995年発行）『足助 商工業100年の夢』には、1990年代半ば頃において、商店街では、「いかにして香嵐渓と結びつけるかという問題が原点」であるなか、「観光客はいらない、交通渋滞も迷惑」という考えがある一方、人口減少に伴う今後の商売継続に向けた危機感から観光に向けた取り組みの必要性に対する意見があったことが記されている（pp.100-109）。同誌には、商店街における空き家問題がすでに取り上げられており、「商店街に空き家ができると、すぐに香嵐渓の駐車場になってしまうのがさびしい。」（p.109）という表現からは、「香嵐渓」という足助観光を代表する観光資源のすぐ近くに位置する町並では、香嵐渓とは切り離して独自に観光活動を活発化させる仕組みづくりが1990年代半ば頃までは継続的に行われていなかったことがわかる。

同誌発行後20年あまり経った現在、空き家問題は依然存在する[33]。そのため、一部の来訪者にとっては、町歩きのなかで、空き家であると感じるような家をみかけることが、町並みを「観光地」と感じない理由の一つとなっているかもしれない。

しかしながら、来訪者が足助の町並みを「観光地」と認識する時期がある。それは、町並みにおいてイベントが開催される時である。「中馬のおひなさん」（1999年から開催され、2月上旬から3月上旬にかけて、町並みの家々に雛人形を展示）や、「たんころりん」（2002年から開催され、8月第1土曜日から15

写真13 「中馬のおひなさん」開催中の風景

日まで、町並みに「たんころりん」を飾る。他に一夜のみ開催される同様のイベントもある）などが代表的なものであるが、足助の「旬」や「歳時」を素材とした催事は、1993年に設立された「AT21倶楽部」（「足助の21世紀の観光を考える会」）によって始められた。これらの活動が始まった時期は、1990年代後半から、全国的に「観光まちづくり」の事例が話題になった頃である。商店街の活性化を目指す同団体は、「町おこしグループ」[34]として新聞紙上でも紹介され、その活動は「住民が主体の観光まちづくり」の先駆的事例となったことはその受賞歴からも想像できる[35]。

　町並みでは、このようなイベントが開催されている時と、開催されていない時（とくに平日）における観光活動に大きな違いがみられる。イベント開催中、商店街ではスタンプラリーが行われ、町並みには来訪者ばかりでなく、外部から飲食・物品販売を行う業者や団体のパフォーマーなどが入ることから、日常的な町並みの風景が一転する[36]。町並みでは、これまでさまざまなイベントが行われてきたが、現在、続いているのは住民によって始められたものであるという。しかし、『足助物語』のなかで、「観光を支える人々」（p.134）として挙げられた「AT21倶楽部」のメンバーも高齢化が進み、現在では、これまで広く知られてきたような催事を企画する新たな動きはみられない。

　このようななかで、町並みにおける若い世代による観光実践として注目されるのが、社会実験として始められた「足助うちめぐり」（町家の一部を来訪者に公開、足助中学校・高等学校生徒による案内が行われる）や、中学生による

写真14　「足助うちめぐり」の風景　　　写真15　「ご利益めぐり」の風景

写真16 町並みでボランティアガイドの説明を聞くツアー参加者と安全確保を行っているもう一人のガイド（背後で手を広げている）

図4 豊田市内における「三州足助ボランティアガイドの会」会員の居住地分布（出典：『豊田市足助地区における内発的観光の可能性』p.91）

地域マップ作成を機に始められた「ご利益めぐり」（足助中学生案内により神社仏閣を巡る）である。これらの活動は、若い世代が地域資源の価値を来訪者に伝える機会となっているだけでなく、町並みに居住していない生徒自身が町並みのことを知る機会ともなっている。しかしながら、これらの活動は期間限定であることから、日常的な町並みにおける観光の仕組みとはなっていない。

香嵐渓・町並み区域において、日常的な観光実践として来訪者に直接応対するのが、観光ボランティアガイド団体「三州足助ボランティアガイドの会」(1998年発足)会員である[37]。足助観光における重要な人的資源として、「観光を支える人々」[38]であり、「観光資源のひとつ」[39]と紹介される同団体の会員は、19名のうち4名以外は足助町外在住の豊田市民である（2013年時点）（図4）。

会員を対象としたアンケート調査によると、ボランティアガイドの活動を通して、「足助のまちづくり」に自身が関わっていると思う会員は、足助町内・外在住ともに約半数であった[40]。足助町外在住の会員は、足助を代表する観光資源である香嵐渓と、伝建地区選定以降とくに来訪者の増加がみられる町並みにおいて、自身が居住していない足助の自然や文化の呈示を通して、豊田市合併後の「足助らしさ」形成プロセスに関わっている。

（安福　恵美子）

(2)「在」からみる観光まちづくり
1)「在」における住民活動

　豊田市合併前より旧足助町ではまちづくり活動が盛んであり、2004年には『足助町地域づくり計画』が全15地区、74集落で立案されていた。豊田市合併後は、市の地域自治区制度に基づき、足助町は「足助地域自治区」(以下「足助地区」と略記)に、また旧町内の15地区はそのまま15「自治区」になった(第1節第1項の図1参照)。「在」とは一般に「足助自治区」を取り巻く14の自治区を指す(以下、自治区の表記は省略)。

　足助地区の総人口は2014年11月1日現在8453人であり(各自治区の人口は表1参照。以下の人口に関する数値もすべて同年月日のものである)、中心部(まち)に位置する足助は1680人で全体の19.9%を占める。

　ところで、2005年度より新豊田市全域で始まった「地域自治システム」として、足助地区でも住民活動を促進する「わくわく事業」の採択を「足助地域会議」が担うことになった。2014年度までの10年間で合計124の住民活動が採択されているが、自治区別の採択数を確認するために、活動が足助地区全域ないしは複数自治区に跨るもの等を除外した結果103になった。それを採択数の多い自治区別に並べると次のようになる。

　足助26、新盛14、則定13、冷田11、椿立9、明和7、大蔵5、御内5、御蔵3、大河原3、追分3、足助大見2、佐切1、荻野1、大多賀0。また過去9年間(2005年度～13年度)の自治区別の補助事業総額をまとめると、以下の通りになる(単位：千円)。足助9552、椿立6992、則定3259、御内3041、新盛2867、冷田2018、御蔵1595、大蔵1472、明和771、大河原666、足助大見328、追分167、荻野157、佐切53、大多賀0。

表1　自治区の人口

足助地域自治区	単位：人
足助自治区	1680
追分自治区	797
則定自治区	732
佐切自治区	503
冷田自治区	825
荻野自治区	721
明和自治区	596
大多賀自治区	55
椿立自治区	179
足助大見自治区	235
御内自治区	51
新盛自治区	670
大蔵自治区	712
御蔵自治区	529
大河原自治区	168
合計	8453

(資料)豊田市「足助地区町丁字別年齢別人口」(2014年11月1日)。

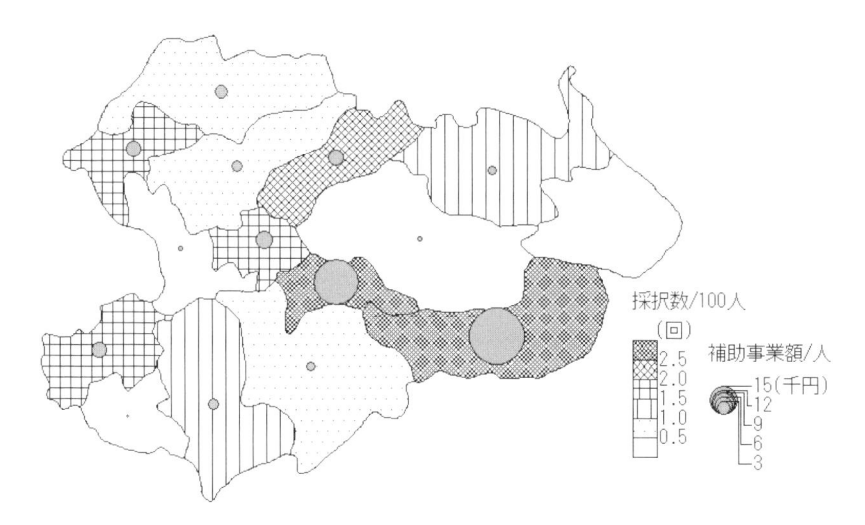

図 5 わくわく事業の単位人口当たり採択回数と補助事業額

(注) わくわく事業採択数は 2005 年度から 14 年度までの 10 年間、補助事業額は 13 年度までの 9 年間である。また人口は表 1 のデータを用いた。
(資料) 豊田市地域支援課ホームページ「わくわく事業（足助）」、足助支所からのヒアリングをもとに作成。

　これらの数字は人口数を勘案していない。人口が多ければ、それだけ採択回数も補助事業額も多くなるのは当然であり、この数字のみで各自治区の住民活動の活発さが読み取れるわけではない。そこで単位人口に応じた比較を行ってみた。その結果が図 5 である（採択回数は人口 100 人当たり、補助事業額は人口 1 人当たりに換算した数字を使用した）。

　図 5 はハッチで採択回数を、記号（丸）の大きさで補助事業額を自治区別に表したものである。採択回数はハッチが密になる（色が濃い）ほど、また補助事業額は丸が大きいほど多額であることを示している。

　図 5 からは、椿立と御内が単位人口当たりの採択回数および補助事業額が他地区に抜きん出ていることが一目瞭然であろう。御内は 100 人当たり採択回数が 9.80 回で第一位、次に椿立の 5.03 回、新盛の 2.09 回と続く。1 人当たりの補助事業額は、同じく御内が 5 万 9630 円で第一位、椿立が 3 万 9060 円で第二位、その後ずっと下がって足助が 5686 円で第三位となっている。

　このデータはわくわく事業に限定した分析であるとはいえ、「在」の地で活

発に住民まちづくりが行われている現状が如実に浮かび上がっている[41]。とりわけ活発な御内と椿立では広義の観光まちづくりが動いていることから、以下この2つの自治区の事例を紹介したい。

2)「在」の観光まちづくり
①御内〜神越渓谷もみじ谷プロジェクト〜

御内は御内町のみで構成される自治区であり、人口51人中14歳以下が3人（6%）、65歳以上が26人（52%）、内15人が75歳以上（高齢者の57.7%）を占めている。

2010年度からスタートした「神越渓谷もみじ谷プロジェクト」は、神越渓谷沿いの街道・県道364号線の景観整備事業である。もともと街道脇にはスギ・ヒノキの針葉樹林が密集しており、神越川の景観を見ることも、多様な花を付ける街道沿いの雑木に目を留めることもできない状態であった。そこで地主の許可を得た箇所から、スギ・ヒノキの枝打ち、間伐、除伐を始め、渓谷が見えるような整備を始めたのである。

同プロジェクトで特徴的なのは、隠れている景観を引き出すこと、すなわち雑木（花の咲く樹、紅葉する樹などの広葉樹）を「保護樹」として残し、渓谷を眺望できるようにすることであった。スギ・ヒノキを雑木とともに皆伐するのではなく、また新たな樹を持ち込み植樹することでもない、いわば自然に戻す方法をとったのである。

写真17　神越渓谷もみじ谷プロジェクトの看板

わくわく事業がこの作業費用を補助している。素人には手に負えない危険の伴う作業であるため、高所作業車による作業を森林組合に委託（オペレーター1人＋補助2人、一日10万円）、年2〜3カ所ずつ、年間4日ほど作業を実施している。と同時に、地元が考える渓谷美を象徴する滝、渕、岩、旧跡（言い伝え）

などの看板設置も年2〜3カ所ずつ進めている。

　本プロジェクトは、「持ち出さない」「持ち込まない」「汚さない」「過度に手を加えない」の四原則を掲げ、息の長い環境整備を進めようとしている。同プロジェクトを進める「みずきの里づくり推進委員会」会長は、次世代に向けた取り組みを実施しているという。地区の持続可能性を目指した事業であり、必ずしも観光目的を前面に出しているわけではない。しかし環境整備が徐々に進められ、御内にはIターン者も出始めた。また御内にあるマス釣り場の観光客は確実に増えている（2008年2万5920人→2013年3万7344人）[42]。意図しない観光効果が現れていると指摘することができるだろう。

写真18　石仏の整備

②椿立〜伝統・文化を中心とした環境整備事業〜

　椿立は3自治会・6町で構成されている自治区であり、人口179名を数える。町ごとのばらつきが大きく、高齢者人口は75名（41.9％）、子ども人口は16名（8.9％）である。

　2005年度から13年度にかけて9年連続で椿立はわくわく事業に採択されている（補助事業総額699万2000円）。05年度「盆踊りの里づくり事業」、06年度「てっぺんの里づくりチャレンジャー事業」、07年度同上、08年度「椿の里・水車と石仏のある旧道復活」、09年度同上、10年度「椿の里・癒しの時と空間の創造事業」、11年度同上、12年度「椿立歴史観光周遊コース作成」、13年度「祈りの山里の復活と整備」。主に看板設置を初めとするハード整備が中心であり、それに「てっぺん祭り」などソフト事業が加味されている。

　これらの事業では以下の四つの特色を指摘できる。

　第一に、公平性を重視していること。例えば3自治会から順番に自治区長を選出する。また環境整備も特定の自治会に特化することなく、3自治会を公平

に整備している。

　第二に、一体感を創出していること。2005年に「てっぺん祭り」を創造し、毎年11月初旬に3自治会対抗の各種取り組みを実施している。外部参加者も含め、自治区内からはほぼ100名近い参加があるようだ。また『広報つばきだち』を毎月発刊し（2005年4月～）、椿立住民の詳細な家族情報が実名で掲載されている。

　第三に、いわゆる「粋人」（文化人）を尊重していること。椿立にはIターン者が何人も存在するが、彼らがまちづくりに果たしている役割は大きい。詳細な椿立史である『椿立家族ものがたり』（2008年）もその成果であるし、わくわく事業採択プロジェクトの代表もIターン者が務めた。また閉校になった椿立小学校を活用した「あすけ里山ユースホステル」もIターン者による経営である。

　第四に、移住に限らず外部者の受け入れに抵抗が少ないこと。現在、東京に本部のある認定NPO法人「共存の森ネットワーク」と連携し、外部者による聞き書きの受け入れ、てっぺん祭りへの参加を促すだけでなく、棚田整備、竹林整備等の作業ボランティア参加を認めているという。窓口が里山ユースホステルである。

③小活

　以上、御内と椿立の住民活動をまとめれば、コミュニティづくりが主であって、観光はその結果である。別言すれば、地域住民のためのまちづくり（景観整備、歴史文化の保存・整備）が、観光へと接近するという意味での、広義の観光まちづくりといえるだろう。御内には神越渓谷マス釣り場という観光スポットが、また椿立には里山ユースホステルという体験型宿泊施設があって観光客が訪れるのだが、それと並行した住民活動（まちづくり）が単なる観光地とは異なる色彩を与えている。椿立では、わくわく事業で制作した「周遊マップ」をもった観光客も見られ始めているという。隠れている資源を掘り起こし、その顕在化を通して地域住民のアイデンティティを育成しつつ、結果としての観光が立ち上がり始めているところに「在」の観光まちづくりの特色がある。

（岩崎正弥）

3. 足助観光まちづくりの課題

(1) 1970年代の提言から再考する足助観光まちづくり

第1節第1項で見たように、『豊田市観光交流基本計画』では観光まちづくりを観光の主軸に据え、そのために山里体験を重視している。「農ある暮らしと歴史や自然を満喫できるのどかで美しい山里」づくりを目標に掲げ、遊休農地、炭焼き小屋、間伐、魚釣り、郷土料理、民芸品づくり、自然観察等の山里体験資源を発掘しつつ、山里体験プログラムの開発が進められている。しかし山里体験の魅力の提唱は近年に始まったものではなく、すでに「あやど高原民宿村」などで見られたものである。この背景にある理念は、第1章でも言及した1970年代のまちづくり思想であった。

1) 1970年代の提言～三人の論者の視点から～

1977年7月17日、当時の足助町町民センターにおいて「生きるに値し、住むに値する地域とは何か」と題する講演会が開催された。同講演会は「足助の町並みを守る会」の活動の一環として、河野健二（京都大学人文科学研究所教授、西洋経済史学）、宮本常一（多摩美術大学教授、民俗学）、西山卯三（東京大学教授、建築学・地域計画学）という著名な三名の学者による連続講演であった。町内外から250名の参加があったという[43]。

この講演内容は、『環境文化』No.30（1977年10月）という雑誌に掲載されている。第1話「地域主義の考え方」（河野）、第2話「民衆の知恵と力を集めよう」（宮本）、第3話「地域開発と家づくり町づくり」（西山）であり、1970年代の時代思潮・運動を背景に、外部の目線から、大雑把ではあるけれども大胆な（批判も含む）提言がなされていた。簡単に紹介してみよう。

河野講演は、地域主義の考え方を紹介し（河野自身「地域主義研究集談会」の4人の発起人の1人であった）、住むに値する地域の三つの条件として、第一に自地域に対する誇り、第二に誇りを土台とした住民運動、第三に地域から日本の社会の仕組みを変革していく、すなわち中央集権・工業化の対抗運動としての地域主義の可能性について述べた。足助のまちづくりもこの地域主義を

土台として立ち上げるべきことが主張されている。

　次の宮本講演はかなり手厳しい。ユーモアのなかにも足助の抜け目ない商人気質（中馬街道で商売をする塩商人の狡猾さ）から脱皮することを説き、補助金に縛られる行政＝中央依存体質を変え、自地域を僻地だと卑下する心根を批判しつつ、内発的な民衆のエネルギーを爆発させるまちづくりを力説した。観光に対しても、視点がまずは地域住民の暮らしに向けられねばならないとする。他所（よそ）行きの化粧した観光に対して、以下のような視点の切り替えを強調していた。

　「〔足助の観光は〕今までは観光客をつれてくればもうかるんじゃないかと思って、来い来い、来い来い言ってやってたんです。私はそんなのを見るたびに、どこへ行っても悪口を言ってやるんです。『あの娘おしろいつけて、耳の後ろに垢ためて』と。見た目にはきれいだが、大事なところは汚なくしているような、そういう生活をしている人が多いんじゃないでしょうか。皆さん方自身がさっぱりした生活をする。それに周囲の人が共鳴してこの町にやってくると、そういうことにならなきゃいけないんじゃないでしょうか。／実は昨日から今朝にかけてこの町を見せていただいたんですが、外からしか見られません。なかへ入ったら怒られたりして…。こちらはあんまりいい旅人じゃなかったもんですから、もうさっそくミソをつけたんですが…。しかし外から見ただけじゃだめなんです。町の皆さんも、本当の腹わたを見せるだけの雅量がないと、誇るに足る町とはいえないんじゃないかと思うんです」（下線筆者、以下同様）。

　最後の西山講演は、地域開発の現状を背景に他地域の事例を紹介している。なかでも長崎の事例として、「一番の観光の目玉」であるグラバー邸は「見世物観光」だとみなす「中島川の石橋を渡る会」の活動を評価する。「中島川を守る運動をやっている人たち」によれば、「観光というのは自分たちの生活をよくしていくことにつながらなけりゃいけないんだと言う」。宮本の他所行き観光批判と相通ずる批判であるが、こういうことである。

　「〔…〕中島川というものの両脇を市民の遊歩道にして、その脇にある商店街を近代的に再開発して遊歩道に結びつける。そうすればこれが、本当の長崎を見たいという人たちが来る観光地になるだろう。そこに住んでいる人の生活が

よくなることによって、よその人も引きつける。訪れる人は自分たちもこういう町をつくりたいと思って帰って行く。これこそグラバー邸の見世物観光ではなくて『世直し観光』なんだ、と」。

　これら専門の異なる3名の提言を簡潔にまとめてみれば、以下のように整理できる。
　①地域主義（住民の内発性、主体性による自治運動）の発想を土台とする。
　②外見を化粧する他所行き観光ではなく、自分たちの暮らしの空間を整備する。
　③「見世物観光」ではなく「世直し観光」を目指す。

　地域アイデンティティを持つ住民エネルギーの発露を原動力としつつ、「見世物観光」から生活環境の整備へ、こうした地域密着の住民自身のための観光まちづくりこそが「世直し観光」につながるという流れに集約できる。これらの主張には、さらに以下の理念が含意されていたというべきだろう。
　①地域自治の仕組みを変えること。
　②補助金依存体質を改めること（施設建設から活動重視へ）。
　③自地域への卑下を改め、普通のありのままの暮らしを誇ること。
　④「まち」と「在」の共生を目指すこと[44]。

2）「在」における現在の観光まちづくりとの交錯

　こうした1970年代の提言と現在の動きとを交錯させると、観光まちづくりの新たな展望が見えてくる。最後に二点を付加しておきたい。

　第一に、学びを根幹においたまちづくり理念の水脈が「在」の観光まちづくり運動に流れ込んでいることである。すでに活発化している観光まちづくりは、地元資源への認識を深め（承認）、その資源に価値を見出す方向で動いている。山里体験はコアなリピーターを生み、外部者の視点との交錯による新たに価値を創造し、この価値に基づいたまちづくりを住民が主導する可能性さえ秘めている。ここには、地域の学びによる気づきがあり、地域主義の理念を反映した「世直し観光」と同一地平上にある動きであろう。70年代に強烈であった「対抗性」は前面に出てはいないが、現在の（とりわけ「在」の）観光まちづくりのなかに「対抗性」が内包されている。むしろローカルな場のまちづくり自体が、中央・地方関係や外部大手資本への依存を内破するものとして、しかし「対

抗」というよりは「包摂」（さらには「共生」）という概念に近い運動としてあらわれているといえよう。その根幹は、地域資源の「承認（自分事化）」と「価値化（評価）」をベースにした学びの深化にある（第2章2節3項を参照）。

第二に、観光まちづくりにおける、まちづくりの優位性である。「世直し観光」とは、外部者の目線から内側を化粧する（隠す）「見世物観光」ではなく、自分たちの暮らしを整え維持・発展させる仕組みづくりのことであった。この視点が現在の観光まちづくりに見られ始めている。香嵐渓に訪れる（ピークであった2001年）年間150万人・日の交流人口は、定住人口わずか8500人の足助では膨大な数字に映るけれども、足助住民は毎日足助で暮らしているのである。したがって、8500人の定住人口は365日を乗ずれば（8500×365）310万2500人・日の交流人口に相当しているわけで、地域経済の視点からみて交流人口よりも重要度が高いとみなすこともできるだろう[45]。そうした視角から、既存観光施設を捉え直し、住民も含めた利活用を模索するべきであろう。

ともあれ、70年代の3名の識者による提言は、現在の観光まちづくり運動のなかに着実に流れ込み、新たな展開を模索しつつある。そのうえで、既存の足助観光のありかたにも再考を投げかけているといえるかもしれない。

（岩崎　正弥）

(2) 足助観光の現状から再考する「地域主導型観光」

1990年代に入り、地域（地域社会・地域コミュニティ）に与えるマスツーリズムの弊害が叫ばれ始め、地域の環境に配慮した観光形態が次々と提唱されるなか、近年、「発地」ではなく「着地」となる地域側が主体となる観光開発あるいは観光形態が注目されている。このような背景から足助観光まちづくりを考えるならば、1970年代から始まった足助の観光開発は「地域主導」であったことから、まさに「地域主導型観光」、つまり、足助の「内」・「外」という区分で見るならば、足助という地域「内」が主体となる観光開発であったと言える。しかしながら、すでにみてきたように、足助において行われてきた観光開発の多くは、国・県などからの補助金に依る行政主導型であった。

1975年発刊の『足助町誌』には、すでに「観光産業」という表現が使用され、足助町にはその発展のための「要素がととのっている」（p.797）と謳われてい

る。このように、全国的にも早くから観光を町の重要な産業として捉えてきた足助観光の展開過程においては、近年、多くの地域において関心が高まっている「地域ツーリズム」、あるいは「地域体験交流型ツーリズム」などと呼ばれる観光形態の原型が、次のような点においてすでに出現していたことがわかる。

1. 「在」を中心として展開された農林水産資源のレクリエーション活用は、「グリーン・ツーリズム」の先駆けであること。
2. 「足助らしさ」を象徴する施設である足助屋敷は、地域文化というテーマ性を持った体験施設であることから、テーマパークの先駆けとも言うべき存在であったと同時に、足助の原風景回帰を目指した同施設は、多少捉え方の違いはあるものの、地域社会の自然遺産・文化遺産を現地において保存・育成・展示するという点で、「エコミュージアム」[46]の考え方に近い施設であること。
3. 「観光と福祉の融合」を謳った百年草は、広い意味における「ユニバーサル・ツーリズム」[47]の拠点となり得る施設であること。

しかしながら、これらの観光関連事業の現状を、第三次足助町総合計画において謳われた「町民が来訪者と交流するなかでさまざまな役割を果たす"まちづくり型交流観光"」からみるならば、次のような点において、その理念が必ずしも実践されているとは言い難い。

1. 「在」においては、現在閉鎖された施設もあることから、一部では観光活動が継続されていないこと。
2. 足助屋敷は住民による利用がほとんどみられないことから、原風景における生業の再構築プロセスに対して、新たな価値付与が行われていないこと。
3. 百年草は町並みから少し外れた場所に建設されていることから、足助地区への来訪者が8割近くを占めるという香嵐渓・町並みで散策を楽しむ観光者が気軽に立ち寄ることができないため、その利用が宿泊（飲食）に限定されること。さらに、建物自体は観光・福祉施設の合体であるが、建物内における活用には融合点がほとんどみられないこと[48]。

さらに、足助が進めてきた香嵐渓の整備を現状から捉えると、紅葉シーズンに発生する渋滞は、「地域主導型観光」の理念がどのように地域社会および自然環境に寄与しているかという点においては[49]、住民のなかでもその捉え方

は異なるようである。足助屋敷開館後、足助町が香嵐渓周辺において力を入れたのは駐車場の整備であったことから[50][51]、車利用による観光資源へのアクセスを町が促進してきたともいえる[52]。香嵐渓は、来訪者にとって観光地であるが、多くの地域住民にとっては観光地ではない。そのため、足助観光まちづくり展開のプロセスをみると、観光まちづくりとは、まちの観光地化を意味するのであろうか、という疑問が生まれる。

　観光まちづくりの先進地として広く知られてきた足助観光まちづくりは、もみじの名勝である香嵐渓や「足助らしさ」の追求として建築された代表的な施設、さらに、町並みにおける催事などが「住民が主役の観光まちづくり」として足助内・外から発信されてきた。しかし、足助においては、大別すると、「中心」と「在」という異なる二つの地域がある。そのため、「まち」を一括りに捉え、一部の観光対象・事象のみに注目を集める（注目が集まる）ことは、とくに「在」において展開されてきた「結果としての観光」活動や「観光」とは呼ばれていないような交流活動などの動き[53]を見落とすことに繋がりかねない。

　「地方の小さな町が、独自の文化政策を実践して、注目を浴びてきた。」（古池 2008、p.85）足助は、「もはや自治体としては存在しない。かつて、小さなまちが持っていた内発的な文化創造機能が市町村合併によってどのように変わっていくのか。」と注目される地域である。

　豊田市への編入合併後、はや10年経過した足助では、「足助の香嵐渓」が「豊田の香嵐渓」と言われることに抵抗感を持つ住民もいるなか、季節により大きく集客力が異なる観光資源（たとえば、桜、紅葉、雪など）である香嵐渓の紅葉シーズンには、紅葉が誘引となって来訪した人が地域資源の紹介を受けることができる取り組みなど、マスツーリズムとの共生関係ともいうべき観光形態の展開も見られる。

　時代とともに大きく変化する観光の動きにおいて、「内発的」観光形態が展開していくためには、地区全体における観光の実態把握（全地域を対象として、観光に関わる住民・関わらない住民双方の声も含め）を基に、地区全体における観光のあり方に対する議論が活発化していくことが期待される。

（安福　恵美子）

付記

　本章は、愛知大学中部地方産業研究所プロジェクト報告書（2015）『豊田市足助地区における内発的観光の可能性』（安福恵美子（代表）・岩崎正弥・黍嶋久好・天野博之　愛知大学中部地方産業研究所）をもとに執筆された。

【注】
(1) 本項の叙述内容（時期区分や数字も含む）は、黍嶋久好「足助地区における観光開発の経緯」（愛知大学中部地方産業研究所プロジェクト研究報告書（代表：安福恵美子）『豊田市足助地区における内発的観光の可能性』2015年、所収）に多くを負っている。
(2) 「ハード・ツーリズム」「ソフト・ツーリズム」という用語は、足助町第三次総合計画（シャングリラ計画）のなかで用いられている。
(3) 椿立自治区（2008）『椿立家族ものがたり』p.43。
(4) 「足助屋敷誕生物語」（『三州足助屋敷の10年』1990年、所収）（三州足助屋敷ホームページ（http://asukeyashiki.jp/aboutus/monogatari.pdf）。
(5) 足助町合併50周年記念誌編集委員会（2005）『足助物語－昭和30年の合併から50年』42頁。
(6) 同年には、香嵐渓が国鉄の周遊指定地に指定されている。
(7) 当時、足助町産業観光課の係長であり、同館の初代館長小澤庄一氏（2003年、国土交通省の「観光カリスマ」に認定される）であり、『三州足助屋敷の10年』には、「価値観が多様化している時代、もう一度じっくり地域文化を見直す必要があると思った」(p.8)という同氏の考えが紹介されている。同氏については、多くのまちづくり関連書物において紹介されている（たとえば、「小澤庄一－足助－本物にこだわる古くて新しいまちづくり」『証言・町並み保存』など）。
(8) 朝日新聞1998年5月16日。
(9) その記事には、足助屋敷のことが同館発行のパンフレットのように詳しく紹介されている。
(10) 「・・・地域が誇りとする自然や文化を保護し、さらに新しく誇りとなるものを創造しつつ、これらを介して、地域住民と他地域住民の「交通の場」、「憩いの場」としてのレクリエーションの場づくりに重点をおく。」（「足助ロマン」p.141）。
(11) 「山村の直面する課題とめざすべき将来像を、地元の方言による会話体で表現し話題となった「あすけロマン」（愛知県足助町の綜合計画）は、その後、全国の自治体の計画づくりにも影響を及ぼし、「足助以降」という言葉が普及することになりました。」（地域総合研究所(株)シー・エス・ケイホームページ「これまでの実績」より）。

(12) 『観光まちづくりガイドブック』p.17.「観光まちづくり 取り組みヒント集」(「定住環境・資源・来訪者満足度 それぞれの持続性の確保」における「生きがいの創出」)において、「住民が観光に関わる場での生きがい」として、「「シルバー人材の活用」参考事例等」に、「福祉センター活用（足助町）」が挙げられている。
(13) 同施設オープン後、視察が「1年のうち300日ほど」（あるいは「1日5件ほど」）もあったという（足助観光協会における聞き取りより）。
(14) 『足助物語』、『足助 地域文化創造の50年』、「観光まちづくり表彰一覧」(2011年1月、足助観光協会調べ)および「観光まちづくり表彰一覧 2011年1月、足助観光協会調べ」をもとに作成。
(15) 「足助町観光年表」（『足助 地域文化創造の50年』）より。
(16) 2013年〜2016年における現地調査にもとづく。
(17) 『足助物語』p.126より。
(18) 2015年においては、その約半数近くである約82万人に減少。「平成26年 愛知県観光レクリエーション利用者統計」（平成26年1月〜12月）、「観光レクリエーション利用者統計」（平成20年版から平成25年版）、および『足助 地域文化創造の50年』より。
(19) 足助屋敷の来館者数も、1997年の約18万5千人をピークに減少傾向にある（2014年には約5万6千人）。ちなみに、「愛知県観光レクリエーション利用者統計」における香嵐渓利用者数は、香嵐渓周辺の駐車場利用者数をもとに出されていることから、同館利用者数と重なる可能性がある。
(20) 同上資料によると、香嵐渓地区にある観光関連施設（「三州足助屋敷」、「一の谷」（飲食店）、「香嵐亭」（宿泊施設））利用者数は別に示されていることから、これらの施設利用者数を合計するとさらにその割合は約85％、と高くなる。
(21) たとえば、『朝日新聞』(1998年10月3日) では、「ライトアップ香嵐渓、お客アップ渋滞アップアップ」という見出しで、ライトアップ効果とともに、渋滞の問題が取り上げられている。渋滞は、名古屋方面からの一般有料道路、および高速道路を利用した車が合流する地点より少し足助へ向かうおよそ7〜9km（なかでも香嵐渓入口手前の3〜4km）において発生する。
(22) 観光協会では、インターネット上で渋滞を避けるための迂回路を案内している。
(23) たとえば、足助観光協会記念誌に掲載されたコラム「香嵐渓と渋滞 住民のつぶやき」にも見ることができる『足助 地域文化創造の50年』pp.36-37。
(24) 2015年、同ガソリンスタンドは閉店した。
(25) 香嵐渓地区に近い飲食店のなかには、渋滞のため、住民が店を利用できない状況が生じているという。また、香嵐渓周辺は、紅葉シーズン中は道路工事ができないという。
(26) 観光協会における聞き取りより。

(27) 現在、駐車場は豊田市の施設で、株式会社三州足助公社が指定管理者として受託している。観光協会によると、紅葉シーズン中に大渋滞が起きるような日は1日約3万人が来訪しているが、駐車場の収容車数は約1000台（公共と民間を合わせて）であることから、1日1万人ぐらいが理想の来訪者数であるという。
(28) 香嵐渓へ向かう途中、それを公共駐車場であると勘違いして誘導され、入ってしまう来訪者もいる。香嵐渓周辺には、民間の駐車場も点在しているが、「まつり」期間以外、個人敷地への誘導光景は、香嵐渓入口近くの民家以外ではみかけられない。
(29) たとえば、『これでわかる！着地型観光 地域が主役のツーリズム』p.11では、「町並み保存運動により観光地へと変貌した地域」として、妻籠宿、小樽、近江八幡、内子、小布施、奈良町、長浜町などと並び、足助が挙げられている。
(30) 足助の町並みを訪れたことがある大学生（19名）を対象としたアンケート調査では、「足助の町並みは観光地であると思うか」という問に対して、58%が「思わない」と回答している。その理由として「観光地というより、古い住宅地（民家・商店街）というイメージ」、「観光客向けの店が少ない」、「観光地という雰囲気を町全体からあまり感じることができなかった」などがそのおもな理由として挙げられている（『豊田市足助地区における内発的観光の可能性』pp.48-54 より）。
(31) 足助観光協会会長所有の町家が見学可能な時もある。
(32) 『足助商店街活性化計画』（2008年）には、商店街の「問題点」として、「店主の高齢化、後継者不足の影響を受け、空き店舗が増加し、店舗の連続性が薄れる懸念がある」と記されている。足助商工会によると、2015年現在、商工会会員である商店の数は110ほどであるという。
(33) 町並みのなかには、約3分の1が空き家となっている通りもあるという（2013年6月、町並みにおける聞き取りより）。町並みでは、2013年から、NPO団体によって空き家の再生活用活動が行われている（『豊田市足助地区における内発的観光の可能性』p.73-87）。
(34) 朝日新聞（2000年2月24日）「町並み飾るひな人形」。
(35) 2003年、「中馬のおひなさん」が（財）地域活性化センターより第7回ふるさとイベント大賞・文化交流部門賞を受賞。2010年には、「たんころりんの会」が（社）日本経営協会より「活力協働まちづくり推進団体表彰グランプリ」を受賞している（「観光まちづくり表彰一覧2011年1月、足助観光協会調べ」より）。
(36) 観光協会によると、「中馬のおひなさん」開催時、多いときで1日約1万人が訪れたという。
(37) 2004年、「観光ボランティアガイド」から改称。1999年からの「年度別ガイド実績表」（「三州足助ボランティアガイドの会」）によると、案内対象者数は年によって異なるが（平均すると1200人ほど）、2015年においては、広島県からの

団体 900 名が 1 週間に渡って案内を受けたという。会員の年齢は、50 代から 70 代で、60 代が過半数を占める。同会の詳細については、『豊田市足助地区における内発的観光の可能性』pp.87-96 を参照。
(38) 『足助物語』p.134 より。
(39) 『足助 地域文化創造の 50 年』p.44 より。
(40) 『豊田市足助地区における内発的観光の可能性』pp.93-94 より。
(41) この他、活発なまちづくり活動を行う自治区として、則定、新盛、大河原の事例があるという（鈴木常夫（2006）「愛知県旧足助町の地域づくりに関する研究」『愛知淑徳大学論集－現代社会学部・現代社会研究科編』第 11 号）。
(42) 愛知県産業労働部観光コンベンション課「観光レクリエーション利用者統計」各年版より。
(43) 足助町合併 50 周年記念誌編集委員会（2005）『足助物語－昭和 30 年の合併から 50 年－』足助町、p.138。
(44) 足助地区の「在」におけるヒアリングで「まち」に対する思いを尋ねたが、何人もの情報提供者から、歴史的に見ても「在」と「まち」は共生の関係にある、むしろ「在」が「まち」を支えてきたと認識していた。
(45) このような視点を、グリーン・ツーリズムの罠として徳野貞雄（2007）『農村（ムラ）の幸せ、都会（マチ）の幸せ－家族・食・暮らし』日本放送出版協会が紹介している。
(46) 新井によれば、1960 年代にフランスで生まれた概念で、伝統的博物館の目的と異なり、「地域社会の人々の生活と、そこの自然環境、社会環境の発展過程を史的に探求し、自然遺産および文化遺産を現地において保存し、育成し、展示することを通して当該地域社会の発展に寄与することを目的とする博物館である」p.11。
(47) 観光庁によると、「ユニバーサル・ツーリズムとは、すべての人々が楽しめるよう創られた旅行であり、高齢や障害などの有無に関わらず、誰もが気兼ねなく参加できる旅行を目指しています。」とあるが、本稿では、広く、社会における観光のありかたの一つの形態として捉える。
(48) パンやハム・ソーセージ類の製造・販売を行う従業員（高齢者）と飲食・宿泊部門利用者の間における交流は、多くの場合、一般的にみられる販売員と客との対面接触に限られている。ちなみに、百年草における宿泊利用者数は、1996 年度の 5601 人をピークに、現在は約半数（2014 年度 2459 人）に減少している（足助支所調べ）。
(49) 『足助シャングリラ計画－第三次足助町総合計画（1996 → 2005）』(p.27) では、観光がもたらす弊害への対処が必要となることがすでに記されている。
(50) 香嵐渓では、駐車場の収入が維持管理のために使われているが、『足助物語』

(pp.129-130) では、「独立採算性による施設管理を目指す」駐車場整備の経緯について記録されている一方、紅葉シーズンにおける香嵐渓周辺の渋滞については、「よりよい渋滞対策を打ち出すことが、これからも香嵐渓があり続けるために必要なのです。」(p.130) という記述がみられる。
(51) 『足助ロマン』(p.129) には、「足助屋敷を中心とする香嵐渓には、毎年観光客がたくさん来て、とくに紅葉の盛りには町民の日常生活にも支障をきたす交通渋滞を引き起こして、「観光客が来ては困る」という人たちさえいる。このため、観光客にとっても、足助の文化に直接触れるという、本来の観光さえできなくなっている。これには、道路整備も必要だが、町内の観光地を拠点的に整備し、これらを有機的に結びつけて解決することができる。」と書かれている。
(52) 『足助鉄道誘致運動小史』によれば、足助への鉄道誘致に関する活動があったものの、地域・町内が一丸となることができず、結果として三河線は延長されなかったという。
(53) たとえば、冷田地区野林地域における交流イベントなど。

【参考文献】
愛知大学中部地方産業研究所プロジェクト報告書 (2015)『豊田市足助地区における内発的観光の可能性』愛知大学中部地方産業研究所。
足助町（発行年記載なし）『足助1世紀 目で見る100年の記録』（編集　100年まちあすけ実行委員会）。
足助町 (1975)『足助町誌』。
足助町 (1976)『1975-1985 足助町綜合計画書「快適で豊かな住みよい町づくり」』（編集 足助町企画課）。
足助町 (1985)『足助ロマン 第2次足助町綜合計画（昭和60年～70年)』（編集　地域総合研究所）。
足助町緑の村協会 (1990)『したたかな山の暮らしに学ぶ 三州足助屋敷の10年』。
足助町商工会 (1995)『足助商工業100年の夢』（足助町商工会100年誌）。
愛知県足助町 (1996)『足助シャングリラ計画』（制作者 地域総合研究所）。
足助町 (2004)『足助町地域づくり計画』。
足助町観光協会 (2005)『足助 地域文化創造の50年』（足助町観光協会創立50周年記念誌）。
足助町 (2005)『足助物語 昭和30年の合併から50年』（編集 足助町合併50周年記念誌編集委員会）。
足助商工会 (2008)『足助商店街 活性化計画』。
天野博之 (2012)「豊田市足助地区の観光まちづくり－地域における「観光」の位置付け－」『年報・中部の経済と社会』（愛知大学中部地方産業研究所）pp.21-43。

新井重三 (1995)『実践 エコミュージアム入門 ──21世紀の町おこし──』牧野出版。
尾家建生・金井萬造編著 (2008)『これでわかる！ 着地型観光 地域が主役のツーリズム』学芸出版社。
鈴木常夫 (2006)「愛知県旧足助町の地域づくりに関する研究」『愛知淑徳大学論集－現代社会学部・現代社会研究科編』第11号。
古池嘉和 (2008)「中山間地域の文化政策－豊田市になった足助町・藤岡町の取り組みを事例に－」井口貢編著『入門 文化政策 －地域の文化を創るということ－』ミネルヴァ書房、pp. 85-98。
東京大学先端科学技術センター 都市保全システム分野西村研究室・東京大学工学部都市工学科都市デザイン研究室 (2012年)『2011年度 豊田市足助町 歴史まちづくり調査報告書 足助まちなか交流ビジョン：生活と観光の融合』東京大学工学部都市工学科都市デザイン研究室。
椿立自治区 (2008)『椿立家族ものがたり』。
徳野貞雄 (2007)『農村（ムラ）の幸せ、都会（マチ）の幸せ－家族・食・暮らし』日本放送出版協会。
豊田市 (2007)『とよたおいでんプラン 豊田市観光交流基本計画 2007～2017』。
豊田市教育委員会 (2010)『足助 伝統的建造物群保存対策調査報告書』(編集 足助伝統的建造物調査会)。
西村幸夫・埒正浩 (2007)「小澤庄一 －足助－ 本物にこだわる 古くて新しいまちづくり」『証言・町並み保存』学芸出版社、pp. 121-143。
三河線延長促進会 (1984)『足助鉄道誘致運動小史』三河線延長促進会事務所。
森重昌之 (2009)「観光を通じた地域コミュニティの活性化の可能性 －地域主導型観光の視点から見た夕張市の観光政策の評価」『観光創造研究』No.5。

【参考資料】
愛知県振興部観光局観光振興課「平成26年 愛知県観光レクリエーション利用者統計」(平成26年1月～12月、平成25年度以前の各年度統計については、愛知県産業労働部観光コンベンション課)。
朝日新聞 (1998年10月3日)「ライトアップ香嵐渓、お客アップ渋滞アップアップ」。
朝日新聞 (1998年5月16日)「伝統生かし、「過疎」を「元気」に変える町。」。
朝日新聞 (1998年5月16日)「「出会い」が魅力、都会の人もひきつける。」
朝日新聞 (1998年5月16日)「三州足助屋敷 山里の民俗伝える まちづくりの原点」。
朝日新聞 (2000年2月24日)「町並み飾るひな人形」。
足助観光協会「観光まちづくり表彰一覧」(2011年1月、足助観光協会調べ)。
足助観光協会ホームページ (http://asuke.info/event/febmar/entry-161.html)。
「あすけうちめぐり」「ご利益めぐり」リーフレット (2013年度版)。

「足助へおいでん隊―足助 11（イレブン）いい気分―」（平成 24 年度、作成者足助中学校 3 年 A 組、発行足助観光協会）。

観光庁ホームページ「ユニバーサル・ツーリズムについて」（http://www.mlit.go.jp/kankocho/shisaku/sangyou/manyuaru.html2015/9/5）。

(財) アジア太平洋観光交流センター（2000）『観光まちづくりガイドブック』。

三州足助屋敷ホームページ「足助屋敷誕生物語」（http://asukeyashiki.jp/aboutus/monogatari.pdf）。

地域総合研究所ホームページ（http://www13.ocn.ne.jp/~csk/index.htm/2015/06/14）。

中日新聞（1980 年 4 月 27 日）「三州足助屋敷」。

豊田市ホームページ「豊田市足助伝統的建造物群保存地区について」（http://www.city.toyota.aichi.jp/jigyousha/tetsuzuki/bunkazai/1004222.html）。

豊田市ホームページ「豊田市足助伝統的建造物群保存地区　地図」（http://www.city.toyota.aichi.jp/_res/projects/default_project/_page_/001/004/222/01map.pdf）。

豊田市教育委員会教育行政部文化財課足助分室「足助　町並み散策ナビ」。

NHK「ウィークエンド中部」2014 年 3 月 1 日放映。

文化庁ホームページ「重要伝統地区保存地区一覧」（http://www.bunka.go.jp/seisaku/bunkazai/shokai/hozonchiku/2015/4/3）。

（写真は 2013 〜 2016 年、撮影）

第4章　広域観光と観光まちづくり
－大井川流域における流域観光の展開を例に－

　本章では、これまで鉄道会社などの民間資本が中心となって観光事業が展開されてきた地域において、近年新たに観光まちづくりの展開が見られるようになった大井川の流域を取り上げ、この地域における観光の展開を概観した上で、現在の観光まちづくりのあり方を展望し、流域を包摂する広域的な観光まちづくりの実践に向けた課題について考察する。

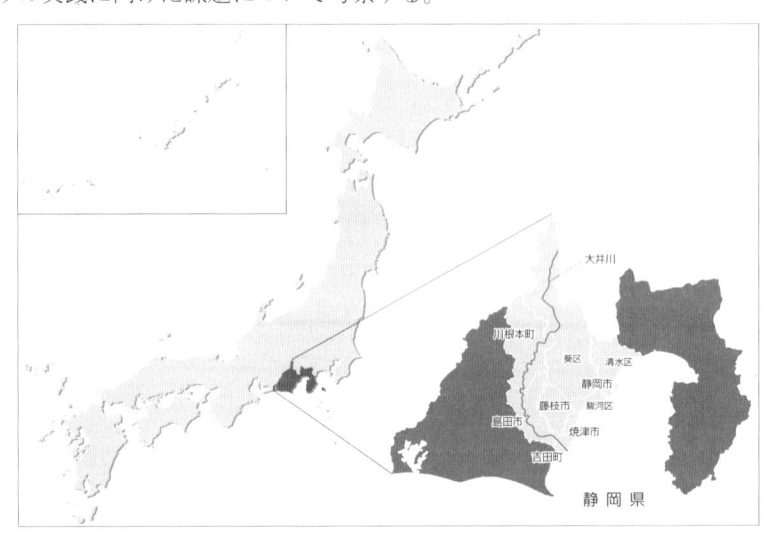

1. はじめに

　大井川は静岡県の中央部を流れる一級河川である。その源流は静岡県の最北端、南アルプスの山中の標高約 3200 m の地点であり、県の南北を縦断し、駿河湾に注いでいる。全長は 168 km、日本有数の急峻さを誇る川であり、静岡市葵区（源流域）、榛原郡川根本町（上流域）、島田市（中流域）、榛原郡吉田町・

焼津市（下流域）の五つの市町にまたがっている。大井川の流域へは、首都圏や中京圏からも新幹線や高速道路を用いて、比較的容易にアクセスが可能であり、旅行会社による東京・名古屋発のバスツアーも数多く設定されている。

　この大井川の流域における著名な観光対象が、大井川鐵道が運営するSL列車である。大井川鐵道は東海道本線に接続する島田市の金谷駅から川根本町の千頭駅を経て静岡市の井川までを大井川に沿って結んでいる全長65 kmのローカル線で、このうち（起点の金谷駅から1駅目の）新金谷駅から千頭駅までの大井川本線において、蒸気機関車が牽引する列車を運行している。現在、蒸気機関車を使用した観光列車を運行している地域は全国各地に存在するが、大井川鐵道では、国鉄が蒸気機関車の旅客営業を廃止した翌年の1976年にいち早く運行を開始。以後、定期列車としてほぼ毎日運行を重ねている。2014年からは夏休みシーズンを中心に、日本でも人気の高いイギリスのアニメ「きかんしゃトーマス」をモデルとした「急行トーマス号」の運行を開始し、さらに脚光を集めている[1]。

　SL列車の乗客の大半はバスツアーの参加者を中心とするマスツーリストであり、地域の自然・文化や人々との関わり合いも希薄なまま、地域を離れていってしまう。また、地域の側にあっても、住民自身の取り組み等を通じて観光交流を図っていこうとする取り組み、すなわち、内発的な「観光まちづくり」はあまり実践されてこなかった。畢竟、大井川の流域は観光地としての全国的な知名度を誇る場所でありながらも、それは沿線で事業を展開する鉄道資本の取り組みの結果によるところが大きく、必ずしも流域の自然や文化、産業といった地域資源の魅力と連動したものであるとはいえなかった。

　大井川の流域、特に中流～上流域に位置する自治体は典

写真1　急行トーマス号の出発を前に賑わう新金谷駅

型的な中山間の人口減少地域であり、上流域に位置する川根本町を例に取るならば、過去25年間に人口は約32％減少しており[2]、老年人口の比率も40％を超え、地場産業である農業（主に茶の栽培）や林業の担い手も減少、後継者問題が深刻化している。このような中にあって、地域外からの来訪者を地域活性化のために取り込むことを含意する観光まちづくりの視点は、重要度が高まってきた。特に2000年代に入り、全国的にエコツーリズムやグリーンツーリズム等の地域資源の活用や保全を通じた観光実践の推進が提起されて以降、大井川流域においてもそれに呼応する形でこうした観光形態の実践可能性が模索されるようになった。本章では、流域における観光まちづくりのあり方とその特色を検討し、さらに流域を単位として広域的に観光まちづくりを実践することへの可能性を展望していくことにしたい。

　次節では、大井川の流域に点在する地域資源の実態について概観する。第3節では、これらの地域資源を活用した観光まちづくりの動向とそれをコーディネートしていく外部人財の役割について、川根本町におけるエコツーリズムネットワークの取り組みを中心に検討する。第4節では、自治体の枠を越えて流域を包摂する広域的な観光の実践にむけての可能性について展望する。

2. 大井川流域の地域資源

(1) 自然とそれらが織りなす景観

　大井川の源流～中流域は、奥大井県立自然公園の内部であり、南アルプスの麓から山中に分け入るロケーションである。南アルプスの山中の源流部から静岡市葵区井川付近まで人家はほぼ無く、並行する県道からは山間を蛇行する渓谷の景観が続く。井川ダム付近から大井川鐵道井川線（千頭～井川間）が併走し、集落や茶畑が点在するようになる。静岡市から川根本町に至るこの一帯は「奥大井」と呼ばれ、南アルプスの山々を間近に感じる場所であり、接岨峡温泉や支流の寸又川流域に位置する寸又峡温泉等の温泉観光地、大井川流域最大のダムである長島ダムとそのダム湖である接岨湖、湖の直上に位置し、秘境駅として知られる井川線の奥大井湖上駅、キャンプ場などの観光・レジャー施設も点

写真2　沢口山と寸又峡温泉を結ぶ尾根（天水）からの南アルプスの山岳群と富士山の景観

在するようになる。源流域は 3000 m 級の山岳が聳え、ビバークを伴う登山をしない限りアクセスが難しいが、上流域の周囲は大札山、山犬段、板取山、沢口山など、登山道が整備された 1500 m 級の山岳に囲まれており、大井川鐵道の最寄り駅から徒歩やマイクロバスでのアクセスにより、日帰りを想定したトレッキングが可能で、これらの山頂からは南アルプスの山岳群と駿河湾を一望できる景観を鑑賞できる。また、中流域から下流域にかけては大きく川幅が広がった大井川と、河岸段丘に広がる茶畑[3]と集落の景観が SL 列車の車窓から鑑賞できる。

(2) 産業施設、産業遺産

急峻な大井川では古くからダム開発がさかんで、前述の長島ダムと接岨湖を筆頭に、数多くのダムとダム湖が存在する。大井川鐵道の沿線に限っても、上流側から井川ダム、長島ダム、大井川ダム、塩郷ダム（堰堤）が連なり、その築設年代も 1936 年築設の大井川ダムから 2001 年築設の長島ダムに至るまで幅広く、ダム設備の変遷を一つの川の流域で辿ることが可能である。このうち長島ダムは、国土交通省の直轄管理で地域に開かれたダムを目指していること、大井川鐵道の長島ダム駅直下にあること、ダムを見渡せる公園や資料館が整備されているなど、観光対象となっている。また、大井川の支流の寸又川に位置する大間ダムのダム湖は、寸又峡温泉から徒歩でアクセスが可能な遊歩道が整

備されており、エメラルドグリーンの湖面上を 90 m にわたって架かる夢の吊り橋がハイライトとなっている。

　また、流域の産業や交通を支えた産業遺産も数多く点在している。たとえば、近世～近代にかけて流域の主要な産業であった林業の操業において、木材の輸送を支えた森林鉄道（千頭森林鉄道）の廃線敷の一部は、前述の大間ダム湖付近の遊歩道に転用されており、トンネルや橋梁を含むかつての鉄道路線上を歩くことが可能である。また、大井川鐵道井川線は、長島ダムの築設に伴ってダム湖に水没する区間である川根市代～接岨峡温泉間の路線が付け替えられた。現在線は通常鉄道では日本最大の急勾配区間（アプトいちしろ～長島ダム間）を勾配専用のアプト式（レールと車輪の歯車をかみ合わせて走行する方式）機関車を連結して登坂しており、こうした特異な鉄道施設そのものが観光の対象ともなっているが、廃線となった旧路線も、長島ダム駅の付近など水没していない箇所を歩くことが可能である。

(3) 街並みと生活景観

　大井川流域は人口が集積する大きな都市はなく、大井川鐵道の沿線にあっても、金谷駅付近の街並みを過ぎると、家山駅、及び千頭駅周辺にまとまった集落が見られる程度で、人口や行政機能の集積度は低く、険しい地形のなかの中山間の村落構造をなしており、低層の民家が畑と森林の間に散在する農村景観を構成している。流域を貫く道路交通の便は、2 車線化やトンネルによるショートカットにより飛躍的に向上したが、鉄道（大井川鐵道）の近代化はほとんどなされておらず、沿線の駅舎やプラットフォームをはじめとする鉄道施設は開業当時の面影を残しているものも多い。また流域の街並みは、観光開発を含む大規模な開発や建物のリノベーションがほとんどなされていないため、かつての日本の集落の雰囲気を想起させる景観が広がっている。この意味で、大井川鐵道は蒸気機関車だけではなく、木造の駅舎や通常の列車を含む鉄道施設が総体的に「昭和レトロ」を表象する地域資源となっており、流域の建物、街並みに昭和の面影を色濃く残す生活景観が広がっている。

3. 大井川流域における観光まちづくりの動向

　流域における地域資源を活かした地域の側からの新たな観光実践のアプローチ、すなわち鉄道資本や観光資本等が主導する外発的な観光と対比された"内発的観光"のあり方として、蒸気機関車や昭和の駅舎・町並み、茶畑の広がる景観などを活かしたロケ地の誘致を行うフィルムコミッションの設立（島田商工会議所（島田市）内のフィルムサポート島田、2006年）、流域に広がるレトロな雰囲気の店舗や工場などを住民と観光客との交流のきっかけづくり（観光交流拠点の生成）に活用するあり方として、「大井川流域まちかど博物館」[4]の登録事業（2009年）、ダム見学（長島ダム）やSLの車両区や転車台の見学を通じた産業観光、井川線の廃線跡の探訪をツアー化したヘリテージツーリズムの実践（たとえば、島田市と大井川鐵道によるSLフェスタの開催（2011年～）や大井川鐵道による「井川湖畔廃線ウォークと井川線トロッコ列車ツアー」の実施（2014年））などがみられる。以下では特に、上流域の川根本町において、外部人財を核とした流域の自然・文化資源の観光的文脈における再定式化と、ガイド等における地域内の人材活用を伴った観光商品の開発・実施を行っている「川根本町エコツーリズムネットワーク」の活動（2008年～）を取り上げ、地域住民らが紡ぎ上げる観光まちづくりの展開を概観し、外部人財が観光まちづくりに果たす役割について考察する。

　流域におけるエコツーリズムをベースとした観光まちづくりの実践につながる萌芽は、静岡県による「奥大井・南アルプスマウンテンパーク構想」[5]の策定（2003年）に端を発するが、これを受けて川根本町の商工観光課内に川根本町エコツーリズムネットワークが設立された。これは、「川根本町の豊かな自然環境や、自然に育まれた生活文化、歴史などの資源を守るとともに、観光の振興や人々の心の癒しにつながるエコツーリズムの推進を図る」ことを目的とし、「エコツーリズムを通して、川根本町を元気にしようとする活動者のグループ」と位置づけられている。川根本町企画観光課、及び川根本町まちづくり観光協会の呼びかけに集まった地域住民らにより構成され、自然環境、歴史

文化、癒しと食、情報発信・収集の 4 部会が設置され、会員はそれぞれの部会に登録されている（安福・天野 2011、pp.134-135）。

2009 年 11 月以降、自然体験活動や環境教育の実施・支援事業を行っている NPO 法人[6]からの派遣スタッフが核となって、住民がガイドやインストラクターとして参加する着地型観光を企画・実施してきた。以下では、設立当時試行的に実施されていた前述の派遣スタッフである地域外部の人財が企画やコーディネートを行い、川根本町エコツーリズムネットワークのメンバーである地域住民が自然ガイドやアクアスポーツの講師などの役割で参加・協力した三つのツアーを事例として取り上げ、その催行の様子を筆者の観察に基づきながら概説する。

(1) 川根本町における地域資源を活用した観光実践の実際

第一に「寸又峡温泉感謝祭記念 山犬段〜沢口山」である。2009 年 12 月 6 日から 7 日にかけて実施された川根本町内の 1500 m 級の山々を渡り歩き、寸又峡温泉に宿泊する企画である。午前 7 時に大井川鐵道の下泉駅に集合し、南赤石の山々への登山拠点である山犬団から 1500 m 級の山々を尾根伝いに約 8 時間かけて縦走する。山岳ガイドとして、複数のエコツーリズムネットワークのメンバーが担当した。当日の参加者は 10 数名（筆者を除き、静岡県内からの参加で、登山の経験者ながら熟練者ではない人が多かった）、随所にガイドによる植生や景観に関する説明を受けながら、16 時 20 分に寸又峡温泉に到着。夜の温泉感謝祭は、複数の宿泊施設の温泉に入浴ができたり、イノシシ鍋が振る舞われたり、提灯行列への飛び入り参加ができたりなど、地域住民や来訪者といった枠組みを超えて参加することが可能なイベントであった。

第二に「森と湖に親しむ旬間 E ボート体験試乗」である。2010 年 7 月 31 日に実施された。接岨湖を大型ゴムボートである E ボートを漕いで一周する企画である。「奥大井森と湖に親しむ旬間実行委員会」が主催となっているが、エコツーリズムネットワークのメンバーをはじめ、地元農家のカヌー愛好家、川根高校カヌー部 OB である大井川鐵道の社員などが、参加者に対してオールの使い方やカヌーの乗り方に関するレクチャーをしたり、周囲の自然や景観のガイドを担った。大井川鐵道井川線の奥大井湖上駅に集合し、同所で解散。ボー

ト体験は 45 分程度。井川線の列車の時刻に合わせ、一日 5 回実施。参加費は保健代の 500 円、各回定員 10 名の事前予約制である。道中、湖上を走る井川線列車を眺めたり、井川線の廃線跡付近にも上陸する。E ボートを漕ぐという体験、湖をボートに乗って移動する体験、陸上やからでは到

写真3 E ボートのレクチャーを受ける参加者

達が困難な廃線跡を間近で見られる体験など、これまで観光対象としては着目されてこなかった地域資源に触れる体験の提供を実践したものであった。

　第三に「大札山紅葉トレッキングモニターツアー」である。2010 年 11 月 3 日に実施。企画・実施は大井川鐵道、事業主体は奥大井・南アルプスマウンテンパーク推進協議会であるが、エコツーリズムネットワークのメンバーがガイドや食事提供等の面で協力した。金谷駅、または新金谷駅に 9 時 45 分に集合[7]し、SL 列車に乗って下泉駅まで移動。そこからマイクロバスに乗り換え大札山の中腹まで移動。茶農家の自宅にお邪魔し、川根茶の賞味とエコツーリズムネットワーク会員の手による弁当で昼食。午後は、大札山を登山口から山頂までを往復する登山である。逐次、エコツーリズムネットワークのメンバーによる植物や野鳥の説明を受けながら山頂をめざす。下山後はマイクロバスに乗車し、道の駅川根温泉に立ち寄った後、金谷駅・新金谷駅にて解散である（18 時）。日帰りのツアーではあったが、SL 列車への乗車体験にはじまり、地元の食材を利用した昼食、1000 m 級の山へのトレッキングと山頂からの富士山や南アルプス、駿河湾の眺望、道中での植生ガイドと、バリエーション豊かな地域資源が観光客に対して呈示された。

　これらのツアーの催行においては、旅程管理や地域住民のガイドの技術等において課題が残るものであったといえるが、ツアーの試行から 5 年を経た現在、

一定の成果や限界が見えてきた中で、いくつかのツアーが定番のものとして日常化されるに至っている。たとえば、2015 年の川根本町エコツーリズムネットワークが主催するツアーの紹介冊子には、「川でつなごう、山でつなごう、里でつなごう」といったテーマ別に多彩なツアーが紹介されており、①「川でつなごう」として接岨湖におけるカヤックツーリング（春〜秋にかけて、カヤック体験、2 時間 4000 円（4 名以上）などのコースを用意、4 月は「カヤックでしか渡れない無人島でお花見大作戦」など、5000 円で参加可能な年間プログラムとして商品化されている）。②「山でつなごう」として、山犬段、大札山の縦走など標高 1000 m 級の山歩きを地元の登録エコガイドとともにトレッキングする体験を通年で提供している。③「森でつなごう」として、森林浴やヨガ体験を、④「お茶でつなごう」として、川根茶の体験施設フォーレなかかわね茶茗舘を核としたお茶ツーリズムの提案、といった観光実践に昇華している（川根本町エコツーリズムネットワーク、2015）。

(2) 地域の観光実践における外部人財の役割

　川根本町エコツーリズムネットワークを主体とした観光まちづくりの試みは、これまで観光対象としてはあまり着目されてこなかったような地域資源にスポットを当て、E ボートを用いた水辺空間の楽しみ方の提案に象徴されるように、この流域にとっては新たなアプローチとなる企画を含む観光体験を継続的に提供する取り組みといえる。こうした取り組みにおいて、観光まちづくりの監督・演出を主導する立場にあたる人物は、どのような役割を果たしてきたのだろうか。彼らは、地域に存在する自然や文化の魅力を再定義し、人的資源を結びつけながら、ツアーの商品化や観光メディアの発行といった観光実践につなげていく。川根本町エコツーリズムネットワークの設立黎明期において、着地型観光の企画・実施を主導した外部人財（以下、K 氏とする）の役割を例に、以下の三点を指摘しておきたい。

　第一に、地域外部の経験からの発想による地域資源の再解釈、という役割である。たとえば、東京や他の中山間地域においてまちづくりのマネジメント経験を有する K 氏は、都市における水辺空間を活用した人的交流の取り組みに関する実績もあることから、そのノウハウを川根本町にローカライズすることで、

Eボートの乗車体験を実現した。このように、地域の地理・社会的特徴の十分な理解に基づいて新たな視点から地域資源を観光対象として捉え直し、ときには他の地域のまちづくりにおいて展開してきたツールを採用することにより、地域資源を活用した観光体験の手法を導いたのである。

写真4　ツアーにおいてガイドの役割を担うエコツーリズムネットワークの会員

　第二に、さまざまな主体間の協働を促進するジョインター（まきこみ役）、または調整するメディエーター（媒介者）としての役割である。K氏の場合、自治体（川根本町）内部の企画観光課を拠点として活動しつつも、意識的に行政主体の立場ではないポジションから活動を展開していた。このことにより、さまざまなアクターの利害関係を相対化し、前述のような新たな視点からの観光実践の企画・実現に対するフットワークが軽くなっていたといえる。

　第三に、エコツーリズムネットワークの会員を中心とした川根本町の住民たちを観光実践やそれを通じた来訪者との交流の場を設けることによって、地域住民の観光まちづくりへの参加に対してのインセンティブをもたらし、観光実践の担い手としてのキャリア形成の機会を提供する役割である。地域住民が日常的に慣れ親しんでいる地域資源の魅力を、来訪者との交流を通じて彼らに伝えていく回路が形成されることで、地域住民の観光まちづくりへの参加のハードルが低くなる。さらに、こうした取り組みが継続されることにより、持続的な観光まちづくりの展開を地域社会の形成を導くことにつながっていく。

4. 流域を結ぶ広域観光の可能性とその課題

(1) 流域における観光まちづくりのこれから

　前節で検討したように、現在流域においては多様な主体による観光まちづくりの実践がなされてきているが、これらは必ずしも個々の主体や行政区画の枠を超えた、広域的な観光まちづくりの展開であるとはいえなかった。しかし、大井川の流域のような中山間地域にあっては、「ダム湖」「登山」「レトロな街並み」といった単一の観光対象だけでは集客の誘因としては心許ない。たとえば、観光周遊圏としての「大井川ブランド」を確立するなど、流域全体において観光対象が面的な広がりをもって展開していることを訴求する工夫が求められる。さらに、SL列車を用いた「汽車旅」は、市町境界を越えて流域を結ぶ「線」の移動に他ならない。流域最大の観光アトラクションがSL列車の乗車体験にあることを前提とするならば、来訪者が途中下車をしながら流域の地域資源との邂逅を重ねていけるような旅行形態の提案も求められる。この意味で、観光まちづくりは単一の自治体、ないし単独の主体の取り組みだけではなく、流域という「線」を結んでいくような広域的な展開が望まれる。

　こうした問題意識の背景となった出来事が、大井川鐵道の経営危機とそれに伴う列車の大幅な減便である。同鉄道は、首都圏・中京圏からSL列車に乗車するための日帰りツアーの減少を主要因とするSL列車の乗客の減少による経営悪化を受け、2014年3月に大井川本線の列車の本数を上下各14本から9本(区間運転の1本を含む)に、井川線を上下各4本から3本へと減らした。こうした地域の公共交通に大きな影響を及ぼす出来事に加え、大井川鐵道が2015年5月には地域経済活性化支援機構に事業再生支援を要請し、北海道においてホテルを運営する企業（エクリプス日高）のもとで事業再生を目指す計画となった。流域の集客を支えてきたアトラクションを運営する会社とその路線が、存続の危機に立たされる状況に至ったのである。ここに至り、大井川鐵道の利用促進を見据えつつ、行政区画の枠を越えて流域を単位とした観光PR等の取り組みが芽生え始めた。

たとえば、流域を地域の単位とした情報紙『大井川で逢いましょう』の創刊、およびポータルサイト「大井川で逢いましょうONLINE」の開設（2014年〜）である。制作主体の大井川で逢いましょうプロジェクトチームは、流域で活動を展開する広告プランナーやデザイナーらによって構成されている。同誌は、トーマス号の運行開始など、流域における観光実践のトピックをはじめ、流域の飲食店と土産品の紹介、体験型観光スポットの紹介、周遊プランの提案を主な内容としている。流域の駅や観光施設においてこれまで配布されてきた観光ガイド冊子においては、あまりみられなかった構成である。

　2014年6月、上流域を中心とした一帯が「南アルプスユネスコエコパーク」に登録されたことも、流域におけるエコツーリズムの取り組みに対する呼び水として着目される。ユネスコエコパークとは、人間と生物圏計画の一事業であり、「生態系の保全と持続可能な利活用の調和」を目指す地域をユネスコが定めるものである。大井川の上流域（川根本町）、源流域（静岡市葵区井川地区）を含む静岡県、山梨県、長野県にまたがる30万2474 haの山岳地域が登録された。エコパーク認定地域内においてエコツーリズムの活性化を中心とした観光まちづくりを展開するだけではなく、そこへのアクセスルートにある中流域（島田市）を含んだ流域観光としての展開が求められよう。

　今後の流域における観光まちづくりは、単一の主体が中心となって特定の地域における観光対象に着目するようなあり方から、流域を取り結ぶ「線」のあり方を見出す観光、すなわち広域観光の実践のためのあり方を模索する段階へと移行する時期に入ったといえるかもしれない。

(2) 流域を包摂する広域観光に向けての課題

　中尾は「広域観光」の意義について、「特定の観光地域・都市（以下、「観光地」という）では、広告、パブリックリレーションズ（PR）、旅行業者や交通機関への営業活動、観光物産展その他のイベント、観光案内所の開設など、多様な情報提供手段を駆使して、その魅力や観光商品・価格などを広く認識してもらうための観光宣伝活動をしている。その活動は行政、観光協会（連盟）、旅館組合、旅行業者、交通機関などの観光主体が、単独であるいは共同で行っているのが現状である。ところが、特定の観光地だけでは、観光需要を喚起する魅

力に乏しい場合がある。したがって、近隣で観光魅力持った（引用者註：原文ママ）観光地や同じテーマや性格を持った観光地などが広域でネットワークを組むことによってお互いが補いあい、相互送客と域外からの集客をねらいとする「広域観光」を展開することによって相乗効果がもたらされることが期待できる。」と指摘した上で、その連携の仕方として、「①大規模な地域・拠点都市の連携、②東日本と西日本の拠点都市の連携、③同一府県内の連携、④街道を介しての連携、⑤海道を介しての連携、⑥港町や夜景を介しての連携、⑦川筋を介しての連携、⑧温泉地を介しての連携、⑨世界遺産を介しての連携、⑩山と海を介しての連携、⑪人を介しての連携、⑫姉妹都市・友好都市の連携、⑬近隣の外国の都市との連携」などを挙げている（中尾 2012、pp.30-31）。大井川流域での広域連携のモデルは、⑦に該当する。

　行政主体を中心とした流域を介しての連携の取り組みとしては、たとえば流域の自治体と大井川鐵道で構成される大井川流域振興連絡会が、流域の主体間における観光まちづくりの取り組みに関する情報交換の機会を設けたり、流域の周遊促進策として謎解きゲームの企画を実施したりしている[8]。しかし、流域を単位とした広域的な観光実践をさらに展開するためには、各々の主体が実施する取り組みをコレクションするだけではなく、観光まちづくりにおいて、流域を包摂する広域的な活動として関わっていく姿勢が求められる。本章を終えるにあたり、流域観光の展開に向けた課題を示唆しておきたい。

　第一に、観光まちづくりの実施主体にあっては、流域の地域資源を総体的・相対的に評価することである。たとえば、ある地域資源の活用を中心とした着地型観光を企画する際、その地域資源が流域の他の地域資源との比較のなかで、どのような個性を持っているのかを明確にすること。また、複数の地域資源を組合わせて提供することによりどういったシナジーが期待できるのかを、実際に観光行動を展開する来訪者の立場に寄り添いながら想像することである。第3節において検討した外部人財の活用は、この点においても着目される。

　第二に、地域資源を観光対象化する過程にあっては、個々の地域資源を流域の社会経済史、生活史といった歴史的な文脈のなかに位置づけて捉えることである。たとえば、林業の隆盛と衰退の過程が、現在に残る森林鉄道の廃線跡と

どのように関連しているのか、といったように、個々の地域資源の背後にある物語を探ることである。そのことを通じて、来訪者に対して流域の産業史といった大きな「場所の物語」を背景としながら観光対象の魅力を伝えていくことが可能になる。また、歴史的な文脈を回路として、流域の産業や文化に関連するさまざまな地域資源が結びあうことで、観光実践に活用していく可能性が提起できる。

(天野 景太)

【注】
(1) SL列車の終点、千頭駅よりバスで40分、大井川の支流である大間川の河畔に寸又峡温泉がある。1962年以降に温泉街が形成され、2015年現在10の宿泊施設からなる滞在型観光地であり、寸又峡温泉への宿泊とSL列車の乗車体験が、流域の来訪者の主要な観光経験であった。
(2) 川根本町「町の紹介」によると、2015年10月1日現在の人口は7538人、1990年当時は11125人であった。
(3) 流域で栽培された茶は「川根茶」と呼ばれ、昼夜の寒暖の差が大きい中山間地域ならではの地形的特色や、川がもたらした肥沃な土壌や川から立ち上る霧などの自然条件を活かし、品評会で継続的に入選を果たしている栽培農家が存在するなど高品質な銘柄で知られる。
(4) 2009年より、流域の商工関連団体で構成される「大井川観光連絡会」(2010年解散)が中心となり、流域の店舗や工房、駅などの施設をまちかど博物館として認定し、PRする事業である（現在は流域の観光協会で構成される「まちかど博物館推進委員会」が統括）。展示施設を常設する取り組みではなく、民家や商店などを住民との自由に見学してもらい、住民との交流につなげていく取り組みである。2014年現在、島田市と川根本町の流域に立地する喫茶店、醤油や酒・和紙・木材などの工房、茶園、寺院、駅、民宿、ダム管理所など計40件が登録されている。
(5) 「奥大井・南アルプスの貴重な自然環境を、水と緑に育まれた本流域のシンボルとしつつ、上・中・下流域相互の交流と連携を促進し、流域全体の活性化を図る。」ことを基本理念としている（静岡県ホームページ）。
(6) 富士山の麓を拠点として活動する特定非営利法人ホールアース研究所である。
(7) 首都圏からの日帰り参加も可能であり、当日は横浜からの参加者もみられた。
(8) たとえば、2015年8月1日から10月31日まで実施した「伝説の鬼獣『猪ノ獅子』の復活を阻止せよ！ 大井川謎解き探検第4幕」等である。

【参考文献】
北雄邦伸（1999）『森林環境と流域社会』雄山閣。
蔵治光一郎・溝口隼平（2007）「発電ダム建設に伴う大井川の流況の変遷」『水文・水資源学会誌』20巻4号、pp.303-311。
静岡地理教育研究会編（1989）『よみがえれ大井川 －その変貌と住民』古今書院。
島田市博物館編（2006）『大井川流域の文化』島田市博物館。
中尾清（2012）『地方観光政策と観光まちづくりの展開』晃洋書房。
野本寛一（1979）『大井川 －その風土と文化』静岡新聞社。
安福恵美子・天野景太（2011）「大井川中流域における観光資源の実態とその活用実践 －川根本町エコツーリズムネットワークの活動を中心として」『静岡英和学院大学紀要』9号、静岡英和学院大学、pp.130-138。
安福恵美子・天野景太（2015）『大井川流域の自然・文化・観光』あるむ。
渡辺和敏（1978）「大井川」豊田武・藤岡謙二郎・大藤時彦編『流域をたどる歴史 四〈中部編〉』ぎょうせい、pp.101-145。

【参考資料】
大井川鐵道株式会社ホームページ（http://www.oigawa-railway.co.jp/）。
大井川で逢いましょうプロジェクトチームホームページ「大井川で逢いましょうONLINE」（http://oi-river.com/）。
川根本町ホームページ「町の紹介」（http://www.town.kawanehon.shizuoka.jp/profile2/gaiyou.asp）。
川根本町エコツーリズムネットワーク編（2005）『川根本町エコツーリズムガイドブック つなごう！』川根本町エコツーリズムネットワーク。
静岡県ホームページ「奥大井・南アルプスマウンテンパーク構想の概要」（https://www.pref.shizuoka.jp/kankyou/ka-070/s_alps_mp/outline.html）。
南アルプス市ユネスコエコパーク推進室ホームページ「南アルプスユネスコエコパーク」（http://minami-alps-br.org/）。
＊ホームページは2015年10月にアクセス。

（写真は2009年～2014年、撮影）

Ⅲ部　都市における観光まちづくり

108　Ⅲ．都市における観光まちづくり

第5章　観光開発と観光まちづくり
－東京スカイツリーと「国際観光都市すみだ」の展開を例に－

1. はじめに

　2010年秋、東京都墨田区の押上・業平橋地区。筆者のゼミナールでメディアや観光を学んでいた学生たちが、この地域の食や土産品の魅力を紹介する観光ガイドブックを制作するため、地域の商店や街並みにおいて取材活動を行っていた。埼玉県の大学のゼミ生[1]が、この地域に着目し、観光ガイドブック制作のための取材を行ったのには理由がある。押上・業平橋地区は、観光地としての知名度は低い下町の住商混合地区なのだが、当時、地区内のストリートは多くの来訪者でごった返していた。完成すれば、世界最高峰の自立式電波塔となる東京スカイツリー。来訪者の目的は、その建設過程を見学することにあった。彼らは、日に日に高くなっていく東京スカイツリーにカメラを向けつつ、浅草通りの雑貨店で土産品を買い求めていった。当時の在京キー局の情報番組では、東京スカイツリーにちなんだ地域のレストランのメニューや土産品が、商店街のマスコットキャラクターとともに数多く紹介されていた。筆者のゼミ生の手による観光ガイドブック[2]も無事完成し、墨

写真1　建設中の東京スカイツリーとそれを眺める人々

田区役所・墨田区観光協会にご協力いただき、近隣の吾妻橋と両国の観光案内所に設置させていただいたが、たちどころに品切れと相成ったようだ。

　時は流れて 2015 年春。東京スカイツリー、及びその下部に位置し、水族館やプラネタリウム等を有する商業・観光空間である東京ソラマチは、ともに開業 3 年目を迎えた。入場者数は、2012 年 5 月の開業年度には当初予想の 62％増の 4476 万人を記録し、2014 年度末には累計 1 億 1855 万人を数えている[3]。2015 年度現在は、過年度と比較すると入場者数は伸び悩んではいるものの、インバウンド客を含む来訪者に対して、東京観光における代表的な観光対象としての地位を確立したといえる。

　この東京スカイツリーが立地する東京都墨田区では、はからずも多くの観光客の来訪を受けることになった。冒頭に記したように、東京スカイツリー直下の押上・業平橋地区では建設中から多くの観光客が訪れ、完成後にあってもストリートには外国人観光客を含む多くの来訪者が歩いている光景が日常化した。東京スカイツリーや東京ソラマチの開発・運営は、東武鉄道株式会社及びその関連会社等の民間企業が主体となった事業である。しかし、東京スカイツリーが持つ集客力の波及効果を地域の活性化に活かすべく、墨田区においても、東京スカイツリーの建設決定と軌を一にして「国際観光都市すみだ」の実現を掲げ、以後、観光まちづくりを急ピッチで進めている。この意味で、墨田区の観光まちづくりの取り組みは、ツリーの建設という外発的な要素が後押しとなったものであり、また、商業資本による開発事業と、行政や地元商店街、住民らによる観光まちづくりの取り組みは、相互に関連し合いながらも個別の動向であるともいえる。本章では、このような、商業資本等による大規模観光開発とかかわる観光まちづくりのあり方について、東京スカイツリーと「国際観光都市すみだ」の展開を例に、検討していくことにしたい。

2. 都市観光の特色と観光まちづくり

　本論に入る前に予備的考察として、本節では都市、特に東京や大阪のような大都市における観光（アーバンツーリズム）の特徴について指摘しておくことにしたい。都市観光の特色を一言で言い表すならば、「多様性」という言葉に尽きる。

(1) 観光対象の多様性

　まずは観光対象の多様性である。都市はそれを構成している地域や施設の多様性により、来訪者はさまざまな魅力要素を経験可能である。その中でも特に都市に特有な観光対象を以下に挙げる。

　第一に、都市的な景観である。雄大な自然景観とは対比された人工物で埋め尽くされた景観に、その特徴が見出せる。本章で取り上げる東京スカイツリーや大阪・あべのハルカス展望台からの眺望、神戸・六甲山や函館山からの眺望に象徴される。また、夜景やイルミネーションといった夜の景観も、都市という人工空間ならではの観光対象といえる。

　第二に、専門店街である。最先端のサブカルチャーの中心地といえる東京・中野ブロードウェイや大阪・日本橋オタロード、横浜・中華街や神戸・南京町、東京・裏原宿や大阪・アメリカ村など、ポピュラーカルチャーや食、ファッション等特定分野の商品に特化した店が集積している。

　第三に、歴史的町並みである。特に近世〜近代以降の歴史を紡ぐ都市においては、都市化の進展の中にあっても残存した歴史的街並みが観光対象化している（埼玉・川越一番街や倉敷・美観地区など）。また、かつての工業都市や港湾都市にあっては、近代産業遺産を中心とした街並みも観光対象化している（小樽運河と倉庫群、門司港レトロなど）。

　第四に、都市的建築である。前述の歴史的街並みを構成する建築群をはじめ、重要文化財の近代建築（東京駅丸の内駅舎、大阪市中央公会堂など）、超高層ビル群（東京・六本木ヒルズ、名古屋・JRセントラルタワーズなど）も観光対象となっている。

第五に、都市型テーマパークである。ビルのワンフロアにレトロな街並みを再現したフードテーマパーク（新横浜ラーメン博物館、梅田スカイビル・滝見小路など）や、湯めぐりをテーマとした東京・お台場 大江戸温泉物語など、都市の日常生活では経験できない状況が演出されている。

　第六に、ショーやイベントである。プロ野球や相撲の観戦、歌舞伎や落語の鑑賞などは常設の野球場や劇場、寄席がある大都市でなければ困難である。また、有名歌手のコンサートや同人誌即売会などの全国規模のイベントは、都市で開催される機会が多い。

　都市観光の来訪者は通常、一連の旅程の中で歴史や文化的背景の異なるこれらの観光対象を複数訪問する。たとえば、東京観光において、東京スカイツリー展望台の訪問、すみだ水族館でのペンギン鑑賞、秋葉原でのPCパーツの買い物、歌舞伎座での歌舞伎鑑賞、醤油ラーメンの賞味、明治神宮の参拝などを1日〜2日程度のうちに渾然一体となって経験する。

　近年、大都市において観光集客戦略の大きな柱となっているのが、コンベンションの誘致である。大都市の観光協会の一部は「観光コンベンション協会」等と名前を変え、コンベンションの誘致と都市観光の魅力PRとを一体的に担うようになった。その背景は、コンベンションの開催による集客を通じた直接的な経済効果はもちろんのこと、アフターコンベンション（コンベンション終了後の都市観光）の提案を通じた間接的な経済効果への期待がある。観光対象が多様な大都市であれば、アフターコンベンションという限られた時間のなかで多様な観光経験の選択肢が提案できるアドバンテージがあるわけである。

(2) 観光消費の多様性

　続いて来訪者の観光消費の多様性である。多様な観光対象を背景として都市への来訪者が行う消費行動は多様である。買い物や食事等の「モノ」の消費だけではなく、演劇鑑賞や街歩きなどの都市観光に特有の「コト」の消費も経験可能である。また、モノの消費においても、単にその道具的・機能的な側面に価値を見出して消費するだけでなく、そのものに付随する文化的な価値を消費するという側面もみられる。たとえば、外国人観光客が土産品として日本人形を購入したり、アニメーション作品に登場する人物のフィギュアを購入したり

表1 都市観光における来訪者の消費行動の理念型

<table>
<tr><th colspan="2" rowspan="2"></th><th colspan="2">来訪者の消費特性</th></tr>
<tr><th>モノの消費</th><th>コトの消費</th></tr>
<tr><td rowspan="2">消費対象の価値</td><td>道具的・機能的価値</td><td>日用品等の購入（爆買い）、ファストフード店での食事</td><td>都市公園の散策、遊園地・アミューズメントセンターでのエンタメ体験、デパートやショッピングモールの散策</td></tr>
<tr><td>文化的・芸術的価値</td><td>専門店での趣味商品の購入、ご当地土産品の購入、名物グルメの賞味</td><td>歴史的町並みや建築の観賞、博物館・美術館めぐり、観劇・スポーツ観戦、来訪者同士での交流（コミックマーケットなど）、地域住民との交流（おもてなし）</td></tr>
</table>

する行為である。都市への来訪者は、都市における一連の観光経験を通じて、これらの多様な消費をハイブリッドに展開している（表1）。たとえば、展望台と水族館、プラネタリウム、博物館、さらにはファストフード店や生鮮食品店、ファッションやおもちゃの専門店に至るまでを内包している東京スカイツリータウンは、同一の施設内でこうしたハイブリッドな消費が可能となっている。観光まちづくりにおいては、たとえば、近代産業遺産の建築内にカフェや土産品店を内包したりなど、都市に固有の地域資源を活用しつつ、道具的消費と文化的消費の機能を同時に併せ持つといった、来訪者の観光消費の多様性を考慮したアプローチが考えられる。

(3) 観光空間としての「第三の空間」

最後に、来訪者そのものの多様性である。都市観光において来訪者が消費を楽しむ主たるエリアは、磯村が「第三の空間」と位置づけたエリアである（磯村1975、pp.59-72）。磯村は、家庭や近隣を「第一の空間」、職場を「第二の空間」と位置づけ、そのどちらにも属さない「第三の空間」の存在が、都市社会の特徴であると主張した。「第三の空間」とは、具体的には、家庭や職場から解放され、買い物や娯楽、散歩などを楽しめる空間であり、そこでは個々人が属性や身分や国籍にかかわらず、匿名的な立場で自由に参加することが可能である。磯村は「第三の空間」を象徴するエリアとして、都心部の盛り場空間を挙げる。大都市には個性的な「第三の空間」が数多く叢生しており、相互に異質で匿名的な人々が散歩や娯楽や買い物を楽しんでいる。こうした来訪者であっても容易

に参入が可能な都市の「第三の空間」が、都市観光における主たる観光対象となっているのである。

異質・多様な属性の人々が集まり、自由に行動、接触することができる第三の空間は、都市文化の生成の空間でもある。一定の支持者を獲得した文化は商業化され、専門店の集積へと展開していく。たとえば、1980年代後半以降、韓国系を中心とするアジア系外国人の居住がはじまり、彼らの生活や信仰を支える拠点が叢生されてきた東京・新宿（大久保）界隈は、2000年代の後半に入り、マスメディアやネットメディアを起点としたドラマやK-POPを中心とした韓国サブカルチャーの流行（韓流ブーム）を背景として、ストリートにはハングル文字が溢れ、エスニックフードを提供する飲食店や韓流グッズを扱う店舗の林立を経て、近年エスニック雰囲気を味わえる観光空間として、多くの来訪者が訪れるまでに至っている。東京・秋葉原や裏原宿などに集積するサブカルチャーの専門店街の観光対象化も、その一例である。観光まちづくりにおいては、たとえば、大阪・日本橋のストリートフェスタや名古屋・大須のコスプレサミットのように、来訪者がコスプレを通じたストリートパフォーマーとして、都市文化の担い手として参入が可能な仕掛けを作っていくことも、方向性の一つとして提起される。

3. 地域における観光対象の生成

これまで観光の対象とは考えられてこなかった地域において、新たに来訪者を呼び込むためには、観光の目的となるもの、すなわち観光対象を生成し、地域の観光的な魅力を高めていくことが求められる。このような地域における観光対象の生成過程として、以下の四つのタイプが考えられる（表2）。

第一に、任意の主体によって、当初から集客を目的として、特定の演出がなされた空間が人為的に構築されることを通じて生成される、というタイプである。たとえば、大手の観光開発資本が主体となって、都市の開発（再開発）用地にテーマパークやアミューズメントセンターを建設したり、山林を切り開いてリゾートホテルやレクリエーション施設を建設したりするのがこれにあたる。

第二に、任意の主体によって、地域にすでに存在している特徴的な自然環境や建築物、街並みなどに対して観光的な魅力を見出し、周辺環境の整備（電線地中化等による景観の向上や建物の修復、案内板の設置など）を伴いながら来訪者に対する演出が強化されることを通じて生成される、というタイプである。たとえば、第4章において取り上げた大井川流域において実践されているような地域の自然環境を活かしたエコツーリズムの振興や、地方自治体を主体とした、景観法（2004年）や歴史まちづくり法（2008年）の施行を契機とした歴史的な建物の保全、町並みの景観整備（電線の地中化や道路の植樹、建物の美装・色彩統一など）を通じた観光まちづくりの実践等が、これにあたる。

第三に、任意の主体によって、地域に対して新たなイメージを付与することを通じて観光的魅力を高めていく、というタイプである。たとえば、商店街振興組合が主体となり新たに占いのイベントを開催すること通じて来訪者を呼び込もうとする大阪市福島区の福島聖天通商店街「売れても占い商店街！！」の試みや、地域のフィルムコミッションが主体となり、メディアコンテンツのロケ地や作品の舞台を誘致し、コンテンツを通じて付与された地域のイメージをもとに来訪者の呼び込みをはかっていこうとするコンテンツツーリズムの試み等が、これにあたる。

第四に、任意の主体によって、地域において過去に起きた出来事や、その地域に伝わる食習慣や生活習慣などの地域の「目に見えない文化」に対して、特定のイメージを付与することを通じて観光的な魅力を高めていく、というタイプである。過去の出来事や伝承は石碑などの具象化されたものやガイドや語り部の説明を通じて、食文化は飲食店における実際の食事の提供を通じて実際の来訪者に呈示される。たとえば、地域をベースに活動する団体等が主体となっ

表2　地域における観光対象の生成

	新たな観光資源の創造	既存の地域資源の活用
物理的環境の整備	タイプ1（テーマパーク開発、総合リゾート開発等）	タイプ2（街並み整備、エコツーリズムによる自然の活用等）
文化・イメージの具象化	タイプ3（コンテンツツーリズムを通じた地域へのイメージ付与等）	タイプ4（ご当地グルメの提供を通じた食文化の呈示、地域の伝説やゆかりの人物の呼び物化等）

た「ご当地グルメ」の提供を核とした観光まちづくりの実践等がこれにあたる。

観光対象は、これらが単一的に、あるいは複合的に実践されることを通じて生成されていく。東京スカイツリーと「国際観光都市すみだ」のケースは、大手資本による第一のタイプによる観光開発が呼び水となり、第二～第四のタイプの観光まちづくりを複合的に実践していこうとする試みといえる。では、具体的にどのような動きが展開されているのか、概観していこう。

4. 東京スカイツリーと「国際観光都市すみだ」

(1) 東京スカイツリーの計画から竣工まで

東京スカイツリーは、地上波放送のデジタル化に伴い、関東一円にあまねく電波を届けるための施設として、既存の東京タワーよりも高い600m級の電波塔建設の必要性から、その建設が決定されたものである。2003年に「在京6社新タワー構想プロジェクト」が発足して以降、以前より誘致を表明してきたさいたま新都心をはじめとした建設候補地の立候補が相次いだ。その中にあって、墨田区押上・業平橋地区は最後発での名乗り上げであった。2004年12月に墨田区が東武鉄道の業平橋駅（現・とうきょうスカイツリー駅）に隣接する貨物ヤード、ホーム跡地等への建設を前提に、同社へ新タワーの誘致に対する協力を要請する。これを受けてわずか3カ月後の2005年2月、東武鉄道が事業主体となって新タワーの建設を表明する（当時の新タワーの仮称は「すみだタワー」）。そしてその1カ月後の2005年3月に、新タワー建設の第一候補地に選定される（最終決定は2006年3月）。以下、その後の展開を事業者である東武鉄道株式会社の動きと周辺の都市計画決定の流れを中心に追っていくことにしよう。

2006年10月、新タワーを核とした再開発事業のコンセプト（Rising East Project ～やさしい未来が、ここからはじまる）を発表。610mのタワーを核とした多機能複合施設の開発計画が明らかになる。2007年10月に新タワーの名称を公募し、2008年6月に「東京スカイツリー」がその名称として決定、翌7月に着工を開始する。その後、約1年余りは土台工事などが中心で景観上

の変化はあまり見られなかったが、2009年8月頃から高さが100mを超え、周囲の建物から抜きん出るようになる。以後、2009年2月に200mを、2010年3月に東京タワーの高さ(333 m)を超える。この頃から、押上・業平橋地区への来訪者が急増し、「建設途中の姿は今しか見られない」という希少性の訴求を伴いながらマスメディアへの登場機会も増加、東京スカイツリーの建設をめぐる動向がメディアイベント化していく。2010年7月に400m、11月に500m、2011年3月に計画時の高さである634mに到達する[4]。この間ライティングデザインの決定(2009年10月)、公式キャラクター

写真2 完成した東京スカイツリーの全景

の発表(2010年10月)、施設名称(東京ソラマチ、東京スカイツリータウン)の決定などのニュースが、逐次新聞紙面を飾るようになる。そして、2012年2月に竣工し、同年の5月に開業。放送波の送信は、翌2013年5月から開始された。

都市計画に関連した動きとしては、2005年3月に都市計画整理事業区域と都市計画道路が都市計画決定され(押上・業平橋駅周辺土地区画整理事業)、同年12月に土地区画組合(押上・業平橋駅周辺土地区画整理組合)の設立が認可された。2007年11月、周辺の町内会を中心的な構成員とした「まちづくり連絡会」が結成。2008年3月、用途地域の変更と地区計画等の都市計画決定がなされた。

(2) 東京スカイツリー建設決定以前における観光まちづくりの動向

　墨田区には両国国技館や江戸東京博物館のような多くの来訪者が集まる施設が立地していたものの、これらの施設の訪問者を戦略的に地域に取り込み、広く区内全域を観光してもらおうという発想は希薄で、特に、インバウンド客の誘致をも含んだ「国際観光都市」を目指すという視点は、みられなかったといえる。すなわち、墨田区における観光まちづくりへの取り組みは、新タワーの建設が決定した 2006 年以降に本格的に主題化したといってよい。ここでは、それ以前における墨田区における観光まちづくりの萌芽として注目すべき取り組みについて、主たるものをいくつか挙げておきたい。

　第一に、現・墨田区観光協会の前身である墨田区文化観光協会による区内の歴史・文化資源の発掘と観光コースの設定である。同協会が 1988 年に発行した調査報告書『両國廻廊』では、両国地区を対象として、大学生の協力や地元商店主らとの会合を経つつ、歴史的観光資源の発掘と、それらを結んだ観光コースの提案が試みられている。その後、1989 年発行の『向島逍遙』では向島地区、1990 年発行の『墨東探訪』では墨東地区、1991 年発行の『錦糸遊覧』では錦糸町駅周辺地区、1992 年発行の『吾妻浪漫』では旧吾妻町地区における同種の提案が試みられ、その成果の一部は同協会の編集による区内の文化観光ガイドブック『すみだハンディガイド』などに結実している。『両國廻廊』の巻頭には「活力とうるおいのある墨田区をつくるためには、街を光らせ、多くの来街者を惹きつける魅力を備えることが必要不可欠であるという認識は、いまや区民や産業人の間では一般化したといえよう」「文化観光という面からの活性化方策を検討することになった」との記述がある（地域総合研究所 1988,p.1）。この時期から「観光」という視点からのまちづくりの必要性が謳われている。これは、1984 年に策定された墨田区文化観光基本計画（ここでは、「山の手」と対比された「川の手」[5]というコンセプトが提唱された）、および 1985 年に提言された「情報発信都市すみだ」を受けての取り組みである[6]。これ以後、全区的な観光まちづくりの機運が広まるには至っていないが、この時期、即ち 1980 年代中期から 1990 年代初期にかけてが、現在の「観光まちづくり」の実践において中心的なコンセプトとなっている「文化」や「産業」を媒介とした

写真3 小さな博物館の一つ、ボール製造販売会社に隣接する軟式野球資料室

「まち歩き」をテーマとして、まちづくりにおいて「観光」という視点が着目され始めた黎明期であったといえるだろう。

第二に、行政の動きとして、すみだ3M運動(1985年〜)[7]の取り組みの一環として実施された「小さな博物館」運動(1986年〜)がある。これは、現在全国的に広がりを見せているまちかど博物館運動のパイオニア的な取り組みで、区内の工房やオフィス、店舗の一角に製品や工芸品のコレクション等を展示。来訪者に展示を開放することで、地場産業への理解を深めてもらおうとするものである。当初は7館でスタート。2015年現在では、大手企業の社屋の一角から個人経営の工房まで、計27館が登録されている。この「小さな博物館」も、前述の「情報発信都市すみだ」の提言において、文化観光における企業の果たす役割（産業観光資源）として位置づけられている（地域総合研究所1986、p.16）。

第三に、草の根レベルでのアートを媒介とした地域内外の人々との交流の取り組みがある。2000年前後より、若いアーティストが墨田区向島地区（区の北部一帯）の長屋や空き工場などにアトリエを構える動きがみられ、これらと連動して、2000年と2001年に、墨田区向島地区を中心とした地域イベント「向島博覧会」が開催された。このイベントの一環として、向島地区の入り組んだ路地やアトリエにアート作品を展示し、まち歩きを通じて楽しめる企画を実施、これが向島地区におけるアートプロジェクトの端緒となる。以後、活動の担い手を、NPO法人向島学会[8]（2000年・2001年に実施された向島博覧会の実行委員会を母体とする）のアート部会が継承し、「墨東まち見世」の開催（2009年度〜2012年度）、墨東まち見世アートプラットフォームの活動（2013年〜）へと発展していく。これらのアートプロジェクト自体は、地域再生を含意しな

がらも観光振興を主目的とした取り組みではないものの、別段観光施設ではない「普段着」の商店街や民家を舞台に、地域社会の関係者とアーティストを含む来訪者との交流、協働が企図されている点で、特筆される。

なお、墨田区単独での取り組みではないが、アートと地域とのかかわりを主題とした

写真4　GTS観光アートプロジェクトで制作された作品「おぼろげ」（小梅児童遊園）

取り組みとしては、他に東京藝術大学、台東区、墨田区との官学連携による「GTS観光アートプロジェクト」がある（2010年～2012年）。これは台東区、墨田区内の主に浅草から東京スカイツリーへ至る各所でアート作品の設置やアートイベント、アートワークショップの実施を通じてアートを媒介とした地域住民と大学生を含む来訪者との交流をはかったり、隅田川両岸をつなぐ新しい回遊ルート（観光アートライン）の創出を目指すものであった。プロジェクトが終了した2015年現在、このエリアには複数の恒久型アート作品が設置され、これらの作品群をめぐるフォトラリーなどが両区によって企画されている。

(3) 東京スカイツリー建設決定以後における観光まちづくりの展開

では、2005年3月以降、大きな進展を見せ始める墨田区の「観光まちづくり」の展開を、区の観光行政の動向を中心に追っていくことにしよう。

新タワー建設予定地決定の本決定に先立つこと1年4ヶ月の2004年11月。墨田区は「観光振興プラン」を策定する（墨田区地域振興部文化振興課編 2004）。これは、国の地域再生計画において「江戸と現代と未来を結ぶ空間"すみだ"の構築」が認定されたことを受けたものであるが、墨田区における観光の現状と課題の分析を踏まえ、いくつかの施策と実行プランが掲げられている[9]。ここでは、まち歩き観光のコース案や、抽象的な事業群のラインナップが総花的に示されたにすぎないが、ともかく区政における政策の方向性としては初めて、観光に特化

したプランが策定されたのである。

　新タワー建設決定から約2年後の2008年1月。このプランの改訂版が策定された（墨田区地域振興部新タワー・観光推進担当観光推進課 2007）。「改訂」とはいえ、その内容は大幅に刷新されている。ここにおいて「国内外から多くの来街者が訪れ、区民の方々との交流を通して地域経済の活性化と愛着と誇りの持てるわが街すみだづくりにつながる千載一遇の契機」との認識に基づき、「観光まちづくりの推進」「『国際観光都市すみだ』の実現」といった文言が登場している（当時の墨田区長、山崎昇による巻頭言より）。このプランでは、「観光施策の総合的・戦略的展開」がより強調された。既存の観光特性、観光資源、来街者の現状、宣伝・案内、担い手組織がカタログ化され、「国際観光」「街歩き観光」「こだわり観光」を目指すという視点から、区内の各エリアごとに観光まちづくりのコンセプトと施策の方向性が示される。ここで示されたプランをもとに、墨田区の基本計画において、具体的な観光計画が設定され、展開していくことになる。そこで以下では、東京スカイツリーの開業に前後する2011年度から2015年度に至るまでの墨田区の基本計画に盛り込まれた「国際観光都市すみだ」に関連する記述を概観していくことにしよう。

　2011年に改定された墨田区基本計画において、「区政の当面の課題を解決するリーディングプロジェクト」の一つとして「東京スカイツリーを中心に、多数の人々でにぎわう、『国際観光都市すみだ』をめざす」ことが掲げられ、東京スカイツリーの開業に関して「この千載一遇のチャンスをとらえ、観光・産業・まちづくり等、さまざまな施策を重層的に展開し、区内への経済波及効果を高めていきます」としている[10]。設定の背景として、「東京スカイツリーに訪れる観光客に区内を回遊してもらい、江戸時代から引き継がれた歴史や文化、東京の母なる川『隅田川』などの水と緑の魅力なども満喫して『すみだにまた来たい』と思うリピーターを増やすことが、持続的な賑わいを創出するうえで欠かせません。また、本区がこれまで培ってきた「ものづくり（製造業）」の技術を観光と結びつけ、新たな販路を拡大し、本区の産業活性化を推進することも求められます」としている。具体的に、①東京スカイツリー効果を最大限活かすこと（開業後数年間での施策の重層実施）、②江戸下町文化を継承したま

ちづくり（北斎美術館整備、すみだ地域学セミナーなど）、③水と緑が調和した景観豊かなまちづくり（舟運事業、公園・観光回遊路整備など）、④若者が集う大学を中心としたまちづくり（大学誘致など）、⑤ものづくりの魅力を発信するまちづくり（すみだ地域ブランド戦略推進事業など）、⑥多数の来街者が訪れても、安心して暮らせるまちづくり（防犯事業など）」を掲げている（墨田区企画経営室2011、pp.42-44）。これらの計画の実行を通じて、2015年度には、墨田区観光協会のホームページアクセス数を160万回に（2011年度実績40万回）、街歩きガイドツアーの案内客数を3600人に（2011年度実績917人）、主要観光施設の来客人数を600万人に（2011年度実績約211万4000人）、墨田区観光協会の土産品等の売上額を1億2000万円に（2011年度実績約4736万円）するという数値目標がうたわれた。次節では計画の詳細を示しつつ、2015年現在に至るまでの観光まちづくりの展開をみていくことにしよう。

5.「国際観光都市すみだ」の現在

　2011年11月より区内では、「すみだ観光まちびらき」キャンペーンが展開され、商店街にはそれを告知する垂れ幕が並んだ（2013年3月まで）。2012年5月の区民参加型イベント「すみだ観光まちびらき 区民祝賀イベント」の開催（来訪者数34万2000人）をピークに、東京スカイツリー開業前後の墨田区は、いよいよ盛り上がりをみせた[11]。

　東京スカイツリーの開業に前後して、こうした地域の「観光化」の兆候が顕在化するのと軌を一にして、観光まちづくりの取り組みも実質化していく。表3は、墨田区基本計画（2011年度〜2015年度）における観光まちづくりに関連して区が取り組む主な事業をピックアップし、その詳細と2015年9月現在における進展状況をまとめたものである。

　これまで東京観光をテーマとするほとんどの観光ガイドブックにおいて、墨田区の観光対象は、江戸東京博物館が取り上げられるのみで、時折向島百花園や両国国技館が取り上げられる程度であったが、2010年頃から、ここに東京スカイツリーが加わった。葛飾北斎ゆかりの地である墨田区では、さらに「す

III．都市における観光まちづくり

表 3　墨田区基本計画における「国際観光都市すみだ」の実現に関連する施策とその実施状況

墨田区基本計画における事業項目	事業内容の詳細	2015 年 9 月現在における状況
郷土の伝統文化や文化財を大切にし、将来に継承する			
すみだ北斎美術館整備事業	葛飾北斎に関する総合的な美術館の開館（2015 年度まで）	未開館（整備工事中）、2016 年開館予定
旧安田庭園再整備事業	東京都文化財の名勝に指定された本庭園の価値を高め、さらなる活用を図る	未着手
歴史文化公園整備事業	石碑や銅像等の修景改修（両国・梅若公園など 6 カ所）	2013 年度露伴児童遊園を整備、2015 年度両国公園を整備中
すみだの魅力を広め、もてなしの心でまちに人を集める			
一般社団法人墨田区観光協会運営支援事業	観光協会の運営、事業等の展開を支援	墨田区観光協会を設置。区の観光課と一体となった運営
まち歩き観光推進事業	ガイドの育成、観光マップ作成、ICT 機器を活かした観光案内等を推進	観光協会による「まち歩きツアー＆クルージング」のマネジメント。ボランティアガイドによる区内のまち歩きツアーの実施、東京スカイツリー前の船着場（おしなり公園船着場）から民間企業による不定期でクルージングを実施
観光プロモーション推進事業	フィルムコミッション事業や旅行会社向けのプロモーション活動を実施	観光協会におけるフィルムコミッション事業の実施、2013 年に 14 作品、2014 年に 1 作品の実績（観光協会の WEB サイトによる公表値）
地域資源活用事業	忠臣蔵関連や音楽関連イベント等地域発意型イベントの支援	「すみだストリート・ジャズ・フェスティバル」（2010 年～）などの実施
墨田川花火大会事業	夏の風物詩として、広く都・区民に潤いと憩いの場を提供	毎年継続的に実施
すみだ地域学セミナー事業	地域の歴史は地域で学ぶ「地域講座」の開催	2007 年より年間十数回程度の墨田区の歴史・文化に関する講座を開催、並行して英語講座を実施
特色あるすみだらしい魅力をもった観光資源や観光ルートをつくる			
観光資源開発事業	観光案内所の設置、観光舟運の事業化	観光案内所を吾妻橋、両国に設置、地元店舗が案内所を兼ねる街あるき案内処を区内 21 カ所に設置、スカイツリー直下の北十間川からの観光舟運の定期便はなし
観光施設等回遊性向上事業	循環バス運行、レンタサイクルシステム等の開発	区内循環バス「すみだ百景」の運行（2012 年～）、区によるレンタサイクル事業は未実施

5. 観光開発と観光まちづくり　123

3M（小さな博物館・マイスター・工房ショップ創出）運動推進事業	産業観光の視点から、来街者のニーズにあった運動を展開	従前の3M運動の展開にとどまっており、産業観光としての発展的な展開はあまりみられない
「産業観光プラザすみだ まち処」整備事業	国際観光拠点として整備	東京ソラマチの5階に開設（運営は墨田区観光協会）。区内特産品販売の他、伝統工芸実演やワークショップ等を実施
隅田川艇庫（仮称）整備事業	ボート競技を新たな観光の拠点として創出	未整備（検討中）
吾妻橋防災船着場整備事業	観光用水上バス利用や水上イベントの充実をはかり、水辺のにぎわいを創出	2013年に供用開始、隅田川クルーズの水上バスを中心に発着
まち歩きトイレ整備事業	「まち歩きトイレ」を区内6カ所整備	3カ所が整備済み。2015年に1カ所を整備中（計画を計4カ所に）
まちなみに地域ごとの特色を反映させる		
新タワー周辺主要道路景観整備事業	言問通り、桜橋通り、タワービュー通りの電線地中化と道路景観の整備	実施中
水と緑に親しめ、やすらぎが実感できる空間をつくる		
北十間川等整備事業	東京スカイツリー直下に流れる北十間川の歩行者デッキ・テラス、水質浄化施設等、河川環境整備、親水護岸工事を実施	東京スカイツリー開業前までに完了
北十間川・隅田公園観光回遊路整備事業	北十間川水辺活用構想に基づき、舟運やまちあるき観光の道路、景観整備を実施	未整備
すみだ花の道路整備事業	街路樹を花の咲く中高木に転換し、良好な歩道空間として整備	区役所通り等における植樹を整備中
地域にふさわしい特色をもった、楽しめる商業空間を創出する		
商業活性化すみだプログラム推進事業	押上・業平橋地区や吾妻橋地区など区内6カ所の商業拠点において、商店街づくりを支援	東京スカイツリー直下の商店街では2008年に「押上・業平橋地区活性化協議会」が発足。イメージキャラクター「おしなりくん」の発案や、お休み処「おしなりくんの家」の開設、イベント開催、ホームページによる情報発信などがなされた。2011年におしなり商店街振興組合が設立。音楽ライブやご当地キャラクター等のイベント「おしなり街角スカイカフェ」等を継続開催

＊「墨田区基本計画」を参考に筆者作成。事業項目は、「計画の内容」のうち、特に観光まちづくりに関連する事項を抽出。

みだ北斎美術館（仮称）」の開館を目指して準備中であるが、区内にはその他にハコモノの観光施設は少なく、観光まちづくりにおいても東京スカイツリーの開業と連動して、これらを新たに建設する計画はない。

区内には中世〜近代に至る歴史的な文化資源が豊富で、住宅やオフィスに埋もれて「隅田川七福神めぐり」の実施に象徴される歴史的な寺社群（回向院、牛島神社など）、震災・戦災の追悼空間としての両国慰霊堂、歴史上の人物（長谷川平蔵、勝海舟、芥川龍之介、吉良上野介、小林一茶、幸田露伴、堀辰雄、森鴎外など）にゆかりの史跡が点在しており、墨田区観光協会が提案するまち歩き観光のモデルコースやボランティアガイドによるツアーは、主にこれらとタワービュースポット、老舗の和菓子屋や小料理屋を結ぶ歴史散歩が中心である。基本計画の実施を通じて、地域への来訪者に対するまち歩きのためのハード、ソフト両面の環境整備が進展した。反面、隅田川をはじめとした河川を利用した舟運を積極的に観光に活用すべくインフラの整備がなされたが、2015年現在、東京スカイツリー直下からの定期便の就航はない。

「すみだ地域学セミナー事業」も注目される。区民に対し、区の歴史や観光英語に関する講座を定期的に開催する試みであるが、地域に観光と

写真5　おしなり公園船着場、ここから隅田川や荒川に航行可能である

写真6　北十間川整備事業により公園化されたリバーサイド

いう視点が加わることが契機となって、住民が身近な文化資源の価値を再定義することは、地域の内発的な観光まちづくりに向けての基盤を形成する試みといえるだろう。

続いて、「国際観光都市すみだ」の担い手として、以下の三つの主体を取り上げ、その動向をまとめておきたい。

第一に、行政（墨田区）の動向である。2007年1月、区役所内に新タワー・観光推進課（現：観光課）が設置される。行政は、観光まちづくりの方向性を提示すると同時に、まち歩き観光に関連した区内のインフラ整備を主導し、ハード面からの観光まちづくりを主導すると同時に、観光協会をはじめとする区内の団体への支援を通じて、ソフト面からの観光まちづくりを支える役割を担ってきている。東京スカイツリーの開業に前後して観光まちづくりの仕組みづくりを中心とした総合的なアプローチが一段落した2015年4月、2020年の東京オリンピック開催を見据えて、墨田区観光振興プランが改定された。ここでは「選択と集中」がキーワードとなり、「北斎・江戸文化の魅力の再発見・再編集」「産業と観光の融合」「水都すみだの再生」が、今後の重点的・戦略的な課題として設定された。その実現のための取り組みとして「『すみだ観光力』の向上と『すみだモデル』の構築」「区民参加」「産業間の連携」といった言辞が、報告書を彩っている（墨田区産業観光部観光課編、2015）。

第二に、観光協会の動向である。2009年5月、一般社団法人墨田区観光協会が設立される。これは1983年設立の任意団体、墨田区文化観光協会を母体とするが、文化を媒介とした地域振興を中心としたものから、観光客誘致や観光商品開発を戦略的に実施する組織として衣替えする。区内の企業経営者や観光関連業者から理事を選出し、集客に向けて多様な事業を担うようになる。区内観光のPRにとどまらず、まち歩きツアーのマネジメント、観光案内所・産業観光プラザの運営、フィルムコミッションの窓口など、地域の観光に関連する事業を一元的に展開する組織としたことに、その特色がある。

第三に、周辺商店街の動向である。東京スカイツリータウンには、商業空間「東京ソラマチ」が内包されるが、周辺商店街が来訪者を呼び込むには、それらとは差異化されて、より地域の生活文化や社会的な特徴（たとえば「下町

写真7　東京ソラマチ内の産業観光プラザ(すみだまち処)

写真8　東京ソラマチ内の産業観光プラザでは、背地場産業の紹介や製品の販売の他、工芸品の製作実演やものづくりワークショップが開催されている

写真9　開設間もない頃（2010年）の「おしなりくんの家」

性」）が感じられる空間として再定義することが求められる。特に、東京スカイツリーが立地する地区である押上・業平橋周辺地区においては、複数の商店会をまたがり外国人を含む来訪者の増加が予想された。そこで、2008年に押上・業平橋地区活性化協議会が発足、外部のまちづくりコンサルタントの力を借りつつ、2009年にイメージキャラクター「おしなりくん」の決定、お休み処「おしなりくんの家」を開設し、東京スカイツリーの建設過程を見物する来訪者に対して観光情報拠点としての役割を果たしてきた。2011年にはおしなり商店街振興組として商店会が法人化、収益体制とマネジメントの強化がなされた[12]。

6. 都市における観光開発と観光まちづくりのゆくえ

　東京スカイツリーを核とした観光事業そのものは、第3節で示したように、観光対象生成の第1のタイプ、すなわち大手資本による都市再開発の一事業による新たな観光空間の生成に他ならない。15年前まではセメント工場と貨物列車のヤードであったという歴史をもつ土地において、東京を代表する観光空間という全く新しいコンテクストが創造されたわけである。従来、このような大手資本と地域との関係は、従属ないしは依存の関係、あるいは反発ないしは対立の関係として捉えられてきた[13]。前者は、たとえば、リゾート開発やテーマパークの建設を歓迎する地方の声に象徴される。衰退が進む地方では「大型観光施設ができれば、税収も増加し、雇用も創出される、観光客が地元で買い物をしたり、施設で提供される料理の食材を地元で調達してくれれば、地元の経済活性化にもなる」と期待したわけである。しかし、実際には期待通りにはならず、逆に地域の環境悪化をまねいたことで、失望を経て、ときには反発の関係をもたらしたケースもあることは周知の通りである。後者は、たとえば大型ショッピングセンターの建設をめぐる地元商店街の反発が想起される。従来の観光まちづくりの動機は、それらのジレンマや困難を乗り越えるためのオルタナティブとして構想されるものであった。しかしながら、東京スカイツリーに関連する観光開発と「国際観光都市すみだ」の取り組みは、単純に地域の大手資本への依存という構図に回収できない多様性を孕んでいる。

　たしかに、行政の観光まちづくりの動機（インセンティブ）は、外発的な都市再開発であり、その内容も東京スカイツリーの存在が大前提であり、「国際観光都市すみだ」を訪れる人々の母集団は、東京スカイツリーの集客力に大きく依存していることは疑いえない。また、東京スカイツリー周辺の河川改修や道路の美装、電線地中化といった環境整備、すなわち大手資本の再開発事業・集客事業を補強する施策も含まれている。しかし、この観光まちづくりは同時に、第3節において示した第2～第4のタイプの観光対象の生成を模索する実践としても展開しつつある。来訪者がまち歩きを通じて得られる経験は、東京

スカイツリータウンにおけるそれとは異なる。すなわち、すみだ北斎美術館を訪問し、葛飾北斎の版画を鑑賞したり、下町の商店街や路地裏を彷徨ったり、ときにはボランティアガイドを伴っての「まち歩き観光」は、東京スカイツリーの展望台における高所からの景観の鑑賞、あるいは、すみだ水族館におけるペンギンの鑑賞を通じて得られる経験とは明らかに異質のものである。それらは「受動的な」エンターテイメントではなく、来訪者一人一人の主体性が強く要請される観光行動である。いうなれば、東京スカイツリー訪問の「ついでの楽しみ」の提供ではなく、地域における観光経験の多様性を提案する着地型観光の試みに他ならない。東京スカイツリーを訪問するほとんどの来訪者はマスツーリストであり、限られた時間の中で展望台の高所からの景観鑑賞という出来事を集団的に消費するだけでこの地域を去って行く。その中にあって、地域の街並みや文化、産業に興味を持った一部の来訪者に対して、多様なアプローチを通じて地域の魅力を感じてもらおうとする試みが、「国際観光都市すみだ」を目指すという試みの本質といえるだろう。2015年現在のところ、行政や観光協会が主体となって観光マネジメントのフレームワークを整備することが先行し、区内の多くの人々の内発的な運動を通じて、地域の観光的な魅力を「育て上げる」段階にまでは至っていない。東京スカイツリーを、大手資本の開発した集客施設という認識を超えて、地域のシンボルツリーとしていかに地域文化のコンテクストの中に位置づけていくかが、持続的な観光まちづくりの実践に向けた課題といえる。

　東京スカイツリーの建設が決定した年に、筆者は都市における高層建築からの景観展望を目的とした観光のあり方（タワーツーリズム）の歴史的展開に関する論文を執筆した（天野2007）。そこでは、現在では高層建築の増加に伴い、高所から景観を俯瞰するという経験が珍しいものではなくなったため、タワーツーリズムは集客のためのさまざまな付加価値が求められてきている、と結んだ。ここでいう「付加価値」とは、回転展望台や展望レストランや階下の商業空間といったタワー内の施設の魅力だけではない。その高層建築が立地する地域の魅力も、重要な付加価値の一つとなりうるだろう。東京スカイツリーにとっての墨田区がそうなることによって、両者は真に相補的な関係となっていくの

かもしれない。「国際観光都市すみだ」を目指すチャレンジは、まだ始まったばかりである。

(天野　景太)

【注】
(1) 当時の筆者の勤務先であった東京国際大学国際関係学部国際メディア学科（埼玉県川越市）の2年生である。
(2) 東京国際大学天野ゼミナール（2011）『東京下町 sky walker　―東京国際大学の学生が作るスカイツリー周辺ガイドBOOK』東京国際大学国際関係学部天野研究室、1500冊発行。
(3) 東京スカイツリーと東京ソラマチを含む「東京スカイツリータウン」全体の数値。東京スカイツリー単独では、2012年度は554万人、2014年度末での累計1703万人である（東京スカイツリーホームページ2015）。
(4) この間「現在の高さ」が、逐一建設現場付近および墨田区内の東武鉄道の駅などに掲示された。
(5) 1986年の新語・流行語大賞（自由国民社主催）において、新語部門・表現賞を受賞している。
(6) 提言の報告書には「私たちは墨田区内の"名所"を歩き回り、観光資源とおぼしき様々なモノを探っていった。そのうちに、人々が日常の暮しを営んでいる『街』自体を、生き生きとした楽しい存在にしていくことが、いま最も大切で、必要なことであると痛感するようになった。」（地域総合研究所1986、p.1）、「川の手は東京都の中でもひときわ特色のある国際観光地なのである」（同、p.15）といった記述がみられる。
(7) 3Mとは、Museum、Meister、Manufacturing shop の頭文字をとった言葉で、区内の産業のPRとイメージアップ、地域活性化をはかる目的で、墨田区商工部（現、産業観光部）産業経済課が主体となって取り組まれている。
(8) 2000年〜2001年に実施された向島博覧会の実行委員会を母体とする。向島地区を中心に防災や商店街活性、産業振興、文化資源発掘など地域のさまざまな研究や活動実践を通じた地域再生に取り組む住民や研究者など、多様な人々で構成されている団体。2002年に設立。2006年にNPO法人化。
(9) ①テーマ別に観光コースを設定する。②誘導案内板・説明板を整備する。③「下町人情」の魅力を盛り込む。④「小さな博物館」を再構築する。⑤「相撲関係」資源を強化する。⑥「現代の墨田区」アピールする、⑦イベントを整理し、情報発信を強化する（墨田区地域振興部文化振興課編2004、p.10）。
(10) 2011年当時の墨田区長、山崎昇による巻頭言（墨田区企画経営室2011、p.1）。

(11) 同時に、放置自転車や騒音などの周辺環境の悪化も、地域の問題としてテーマ化される。
(12) 押上・業平橋地区に隣接し、同地区と浅草との間の回遊ルートの途上に位置する吾妻橋地区における吾妻橋活性化協議会においても、マスコットキャラクター「あづちゃん」の決定、休憩所「あづちゃん家」の設置など、同様の活性化の取り組みがなされた。
(13) あるいは、特に大都市における観光開発の場合、大手資本と地域との間には、何の関係性ももたらさない、というケースもあるだろう。
＊「東京スカイツリー」「東京スカイツリータウン」「東京ソラマチ」は、東武鉄道株式会社、東武タワースカイツリー株式会社の登録商標である。

【参考文献】
天野景太（2007）「景観展望観光の歴史とその特色－日本の大都市におけるタワーツーリズムの展開を中心として」『日本観光学会誌』48号、日本観光学会、pp.21-29。
天野景太（2015）「盛り場空間の文化生態学－アーバニズムの下位文化理論から捉えた東京・渋谷」川崎嘉元・新原道信編『東京の社会変動』中央大学出版部、pp.27-44。
磯村英一（1975）『都市と人間』大明堂。
淡野明彦（2004）『アーバンツーリズム－都市観光論』古今書院。
地域総合研究所（1986）『情報発信都市すみだ－墨田文化観光活性化にむけての提言』墨田区地域振興部文化行事課。
地域総合研究所（1988）『両國廻廊－両国文化観光コースに関する調査報告書 概要版』墨田区文化観光協会。
地域総合研究所（1989）『向島逍遥－向島文化観光コースに関する調査報告書 概要版』墨田区文化観光協会。
地域総合研究所（1990）『墨東探訪－墨東文化観光コースに関する調査報告書 概要版』墨田区文化観光協会。
地域総合研究所（1991）『錦糸遊覧－錦糸町地区文化観光コースに関する調査報告書 概要版』墨田区文化観光協会。
地域総合研究所（1992）『吾妻浪漫－吾妻文化観光コースに関する調査報告書』墨田区文化観光協会。
都市観光を創る会（2003）『都市観光でまちづくり』学芸出版社。
墨田区教育委員会（2005）『改定 すみだの文化財』墨田区教育委員会。
墨田区区民活動推進部文化振興課編（2012）『墨田区文花芸術の振興に関する懇談会報告書－暮らしに文化の息づくまち アートで育むすみだの力』墨田区区民活動推進部文化振興課。

墨田区企画経営室（2011）『墨田区基本計画 平成 23 年度～平成 27 年度』墨田区。
墨田区企画経営室（2014）『平成 26・27 年度 墨田区実施計画』墨田区。
墨田区産業観光部観光課編（2015）『墨田区観光振興プラン』墨田区産業観光部観光課。
墨田区地域振興部新タワー・観光推進担当観光推進課編（2007）『墨田区観光振興プラン ―新タワーを活かし、住んでよく、訪れてよい国際観光都市すみだをつくる』墨田区地域振興部タワー・観光推進担当観光推進課。
墨田区地域振興部文化振興課編（2014）『墨田区観光振興プラン―「もてなしの心」～人情厚い下町・すみだ「街歩き観光」をめざして』墨田区地域振興部文化振興課。
GTS 観光アートプロジェクト実行委員会（2011）『GTS 観光アートプロジェクト 2010 記録集』GTS 観光アートプロジェクト。
GTS 観光アートプロジェクト実行委員会（2013）『GTS 観光アートプロジェクト 2012 記録集』GTS 観光アートプロジェクト。
東京新聞編（2012）『東京スカイツリー成長記－匠の技で天空へ』東京新聞。
西村幸夫編著（2009）『観光まちづくり－まち自慢からはじまる地域マネジメント』学芸出版社。
増淵敏之（2012）『路地裏が文化を生む！－細街路とその界隈の変容』青弓社。
間々田孝夫（2007）『第三の消費文化論－モダンでもポストモダンでもなく』ミネルヴァ書房。

【参考資料】
東京スカイツリーホームページ「東京スカイツリーが開業 3 周年を迎えました」(http://www.tokyo-skytreetown.jp/pressroom/pdf/20150522_web.pdf）。
アーク・コミュニケーションズ（2012）『まっぷる 東京スカイツリー＆浅草へでかけよう！』昭文社。
アース・スターエンターテイメント（2012）『東京スカイツリー下町完全ガイド』泰文社。
アドグリーン（2010）『下町新名所 見る・撮る・食べる 東京スカイツリー』日本出版社。
墨田区観光協会・墨田区産業観光部編（2010）『すみだ街歩きガイド』墨田区観光協会。
墨田区文化観光協会編（1992）『すみだハンディガイド』墨田区文化観光協会。
墨田区企画経営室広報広聴担当（2008）『第 20 回墨田区住民意識調査』墨田区企画経営室。
墨田区企画経営室広報広聴担当（2010）『第 21 回墨田区住民意識調査』墨田区企画経営室。
墨田区企画経営室広報広聴担当（2012）『第 22 回墨田区住民意識調査』墨田区企画経営室。
墨田区企画経営室広報広聴担当（2014）『第 23 回墨田区住民意識調査』墨田区企画

経営室。
墨田区商工部産業経済課商工振興係（1987）『小さな博物館ガイドマップ』墨田区。
墨田区都市計画部都市計画課（1993）『すみだ風景づくり読本 墨田区景観誘導指針―文脈・作法の部』墨田区。
JTBパブリッシング(2011)『東京スカイツリーへ行こう－東京下町案内』JTBパブリッシング。
洋泉社（2010）『下町「巨大電波塔」ぐるぐる散歩－上を向いて歩こう！！東京スカイツリー百景』洋泉社。
＊ホームページは、2015年9月閲覧。

(写真は2010年〜2015年、撮影)

Ⅳ部　温泉地における観光まちづくり

IV. 温泉地における観光まちづくり

第6章　熱海の観光まちづくり再考

1. はじめに

　従来から多数の観光客を集め発展・成長してきた温泉観光地も、社会基盤としての交通網の発達や、消費者の旅行スタイルの変化などの経済社会情勢に対応して変化を遂げてきた。

　2003年の小泉内閣による観光立国宣言以降、観光振興への注目が高まったことにより、地域間の競合関係が広域化し、温泉観光地での地域経済の不振と停滞が大きな問題となっている。とりわけ「従来型の」温泉観光地での宿泊客数の減少、著名な温泉旅館も経営破綻に陥る事態が地域の課題として指摘されている（久保田2000[1]ほか）。

　本章では、日本における典型的な温泉観光地の一つである熱海温泉（静岡県熱海市）を事例に取り上げる。熱海温泉は、江戸時代にその湯治場としての基礎が築かれたが、歴史の中で何度かの大きな転機を迎え、その都度生まれ変わってきた。ここでは、その歴史的変遷を踏まえて近年の施策の取り組み、市民によるまちづくり参加の意義を検証したい。

写真1　海からみた熱海中心街

(1) 熱海温泉の概要

　静岡県熱海市は伊豆半島の北東端に位置し、背後を山に囲まれ、相模湾に面した風光明媚な環境にある。面積は 61.61 km²、人口は 3 万 8349 人（2015 年 10 月現在）[2]である。就業人口の 83.7％が第 3 次産業に従事し、その約半数（49.15％）が「飲食店、宿泊業」および、「卸売・小売業」に区分されているように[3]、観光関連産業に従事する比率が高い。

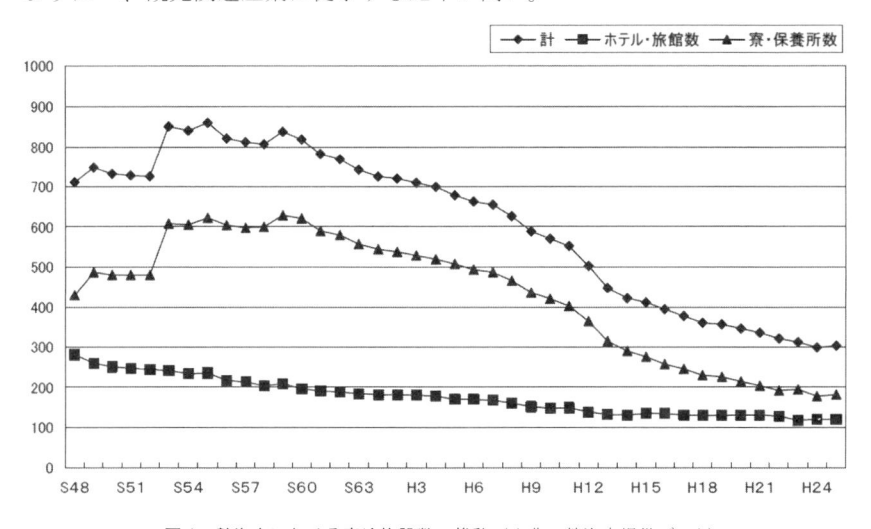

図 1　熱海市における宿泊施設数の推移（出典：熱海市提供データ）

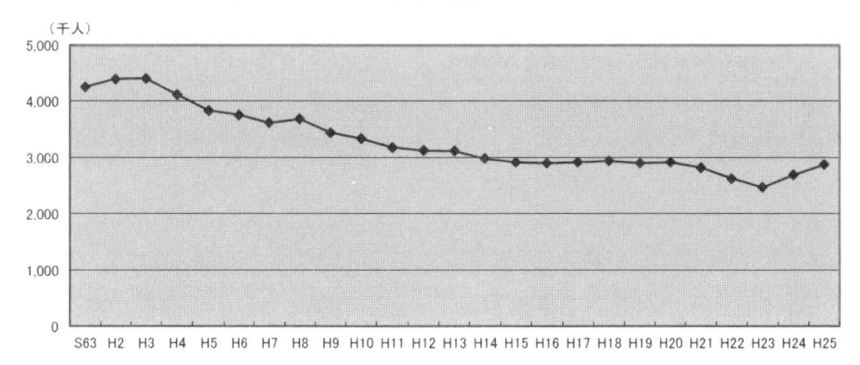

図 2　熱海市における宿泊客数の推移（出典：熱海市提供データ）

写真2　廃業ホテル跡地

写真3　熱海駅前平和通り商店街の様子

市内には、熱海温泉（中心市街地）、南熱海温泉（網代・伊豆多賀）、伊豆湯河原温泉（泉地区）及び伊豆山温泉（伊豆山地区）の四つの温泉地区を有し、ホテル・旅館の半数はその中の熱海温泉に集中している。

宿泊施設数は1984（昭和59）年の834軒（ホテル・旅館209軒、寮・保養所629軒）に対して、303軒（ホテル・旅館121軒、寮・保養所182軒）と、特に寮・保養所の減少が顕著である（図1）。

宿泊施設数と比例して宿泊客数も減少している。1992（平成4）年の439万5563人からおよそ10年間で300万人前後にまで減少、2012（平成24）年度には約256万人と55％程度にまで落ち込んだ（図2）。同様に、日帰り観光客を含めた観光交流客数も2013年度には523万人とピーク時（1991年、約940万人）の約56％にまで落ち込んでいる。

しかし、翌2014年（平成26）年から対前年比7～8％の増加がみられている。この観光客数の上昇傾向を転機ととらえ、地域の課題を整理しなおす必要がある。

(2) 熱海温泉の歴史的変遷

熱海温泉の開湯の歴史は1500年前にさかのぼるが、現在の熱海温泉の中心市街地は江戸時代に大湯間欠泉を中心に形成された湯治場が基盤となっている。

高温で吹き上げられる「大湯」の温泉は徳川家康に好まれ、熱海温泉は江戸幕府の天領となった。源泉は引き湯権（湯株）を持つ二十七軒の「湯戸（ゆこ）」にのみ配湯され管理されてきた。日本各地の一般的な湯治場が共同浴場を中心として発達したのに対して、熱海温泉の湯戸は施設内に「内湯」を完備していたことから、貴人に好まれる高級な湯治場として認識されていたと考えてよい。

この湯戸を中心とした江戸時代の湯治場を熱海温泉の第Ⅰ期として、現在に至るまでの熱海温泉の歴史を四期に分けて解説する。

熱海温泉の第Ⅱ期への転機は、明治初期の社会変革が背景となる。明治初期の新聞に「（熱海温泉には）日に日に温泉客が増加し、温泉を生業とするものは増加の一途をたどっている」（1877（明治10）年、静岡新聞）と書かれているように、西南戦争に勝利した新政府の右大臣岩倉具視以下、参議・卿と呼ばれる政府大官の多くが熱海に来遊しては長期に滞在した。新政府のそうした高官や政商たちは、熱海温泉への滞在中に都市開発のプランを考え、潤沢な資金を提供した[4]。その結果、熱海には鉄道をはじめとする社会基盤に加えて、外国人対応のための旅館「眞誠社」、西洋風のホテル「樋口旅館」、回遊式庭園「熱海梅園」や温泉療養施設「噏滊館（きゅうきかん）」などの文化施設などが整備され、他の温泉観光地より先んじて近代的都市への変貌を遂げたのである。

表1　熱海温泉の歴史的変遷

	第Ⅰ期 （江戸時代）	第Ⅱ期 （明治〜昭和初期）	第Ⅲ期 （戦後〜バブル期）	第Ⅳ期 （1990年代以降）
施設	湯戸27戸	旅館50軒 ＋ 別荘	旅館200軒 ＋ 寮・保養所	100軒〜 ＋ 別荘（＆移住）
経営者	湯株の占有者のみ	他地区からの資本が参入	他地区からの資本が参入	他地区からの資本が参入
特徴	「内湯」を備えた高級宿	高級官僚と軍部による利用	大規模旅館による団体旅行への対応	「まちの魅力」の見直し
	貴賓（国賓）への対応	資本家による別荘建築	旅行の大衆化による市場の拡大	新しいスタイルの旅行への需要
中心	大湯周辺	本町〜銀座	東海岸町	市街地全域へ

注）熱海市史、熱海温泉旅館組合資料を基に著者作成。

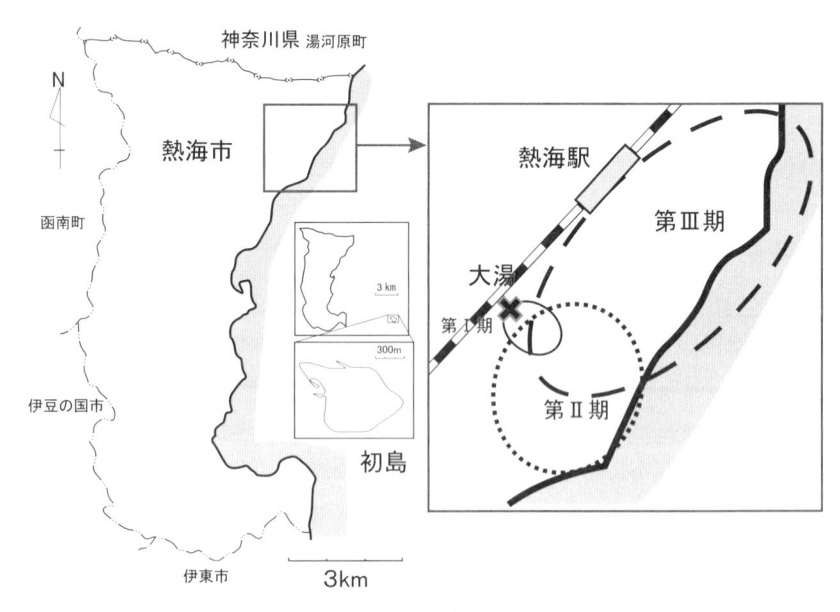

138　Ⅳ．温泉地における観光まちづくり

図3　熱海温泉の変遷（地図）

写真4　瑞雲荘大野屋旅館　絵葉書

また 1897（明治 30）年 1 月から読売新聞で連載された小説『金色夜叉（尾崎紅葉作）』の名場面の舞台になるなど、メディアによって熱海の知名度も高まった。

第Ⅲ期への転機は第二次世界大戦後、熱海市街を襲った熱海大火が背景となる。熱海の旅館は軍の保養所や医療施設の指定を受け、物資の統制が厳しい中でも食料割り当てに余裕があったことや、多くの著名人の疎開地として選ばれたことから戦争中も営業を続けられていた。ところが、1950（昭和 25）年 4 月に熱海駅前の繁華街仲見世の火事と、工事現場の失火が原因でおこった熱海大火によって、市の中心部がほとんど焼け野原になる。

しかしこの直後に「熱海国際観光温泉文化都市建設法」が制定され、土地区画整理事業の下で鉄筋造りの大旅館が林立する今日の市街地の基本形が形成された。熱海温泉は高度経済成長期を先取りする形で、近代観光温泉地として完成した。

第Ⅳ期への転機は、バブル経済の崩壊以降に観光客の減少という形で降りかかる。団体旅行から個人旅行へという消費者の旅行形態や、情報化などに対応できなかったと非難されることも多い。近年の低迷期から脱出した熱海温泉は、まさに第Ⅴ期へと移行する渦中にあるとも言える。

このように、熱海温泉はその時々の社会基盤や観光客のタイプ、そして資本の刺激によって生まれ変わってきた歴史を持つ。現在の状況もその大きな流れの中で読み解くべきである。

2. 旅館事業者が先導したまちづくり

(1) 近代旅行システムを先導

明治時代に入っても一般的な湯治場の宿泊施設では、客が自炊しながら長期滞在するのが一般的な利用法であったのに対して、熱海温泉の宿泊施設では客に食事を提供する体制が整っていた。明治期に発行された旅行案内『熱海温泉案内（樋口貞次郎 1891）』には、「食物の調へ方は種種ありて[5]、客人の好みに任す」と書かれている。

また 1874（明治 7）年には熱海に外国人旅行にも対応する旅館がつくられた。東海道三島宿で本陣を経営していた世古六太夫直道が始めた「眞誠社」である。熱海の本陣だった今井半太夫の屋敷を改築したもので、現存する宿帳には少なくとも明治 7 ～ 9 年の 3 年間に 78 名の外国人を宿泊させた記録が残る。
　このように、革新的な旅館経営の実験場として熱海温泉を選択して旅館を開業する経営者も多かった。例えば「瑞雲荘大野屋旅館」創業者の大野甚松もその一人である。1936（昭和 11）年に開業した大野屋は、新潟県を中心に東京、大阪など複数の都市で商人宿を展開する中で、温泉地の旅館第一号として熱海を選んでいる。
　大野は丹那トンネルの開通によって熱海駅に乗り入れる東海道線の列車で輸送可能な人数 300 人を基準として、旅館の設備と接遇システムを設計した。300 人が一度に入浴できる大浴場、一堂に会することができる大広間と、食事を提供するための厨房の体制などである。特に、源泉 4 本を使って温泉が自然に循環するように設計され「ローマ風呂」と名付けられた大浴場は、その後の温泉旅館の大浴場設計に影響を与えた。
　また大野屋旅館と同時期に横磯（東海岸町）に開業した「つるや」の畠山鶴吉も、それまでの旅館の慣習であった「茶代」廃止を掲げた。「茶代」とは顧客側の裁量に応じて支払われるのが原則ではあるものの、その多寡によって対応が変わるなど、旅慣れていない庶民にとっては気の重いものだった。茶代廃止とうたう広告は、それまでも列車時刻表などに登場していたが、最新設備を武器に熱海に大々的に開業したこの二軒の影響力は大きく、旅館と一般庶民との距離を大きく近づけ、熱海温泉の大衆化に大きく影響した。

(2) 新たなシステムの実験場

　高度経済成長期にも熱海温泉では新たな接遇システムを開発し、マスツーリズムのブームをけん引した。
　その一つが、レストランシアターでの本格的なショーを前面に押し出して 1964（昭和 39）年に開業した「熱海静観荘」である。当時の雑誌『旅』のカラー全面広告ページには、「アタミでハワイを楽しもう」、「ハワイご招待」、「ご招待方法は静観荘提供番組でお知らせします」「常夏のハワイからフラ・ダンサー

を招いて、全館にハワイ・ムードがいっぱい」という宣伝がなされている。

　一日二回のハワイアンショーに加えて、深夜のナイトショーには、東京有楽町の日劇ミュージックホールのダンサーを招いている。またレストランの接客にはゴールデン赤坂やミカドといった当時一流と評価されたクラブからマネージャーやボーイを集めたという。経営者の中沢和夫は、本格的なエンターテインメントを熱海の旅館で実現したことになる。

　その後、レストランシアターは、食事時間の調整やサービスの省力化など経費節減に役立つとして、全国の多くの旅館に導入されていく。

写真5　「熱海　静観荘」の開業広告
（雑誌「旅」1964年4月号掲載）

　同じ年に全室洋室、最大収容人員1200人で開業した「ニューフジヤホテル」も、開業翌年には静観荘と同様の路線でレストランシアターを導入し、サーカスやアイススケートショーも取り入れている。

　翌年8月に開業した「熱海後楽園ホテル」は、ホテル、レストランショーと温泉、遊園地からなる複合施設として、熱海温泉への家族旅行の誘致に貢献することになった。

　その時期の熱海市内の旅館では館内設備も急速に充実していった。その一例として、客室内のバス・トイレの整備が挙げられる。市内の下水道の敷設などの社会資本整備が進んだことが、レストラン、喫茶・売店やビリヤード、バンド、温泉プールなどの娯楽性の強い付帯設備の整備に結び付き、旅館の空間の快適化、エンターテインメント化を促進させていった。

　同時に1952（昭和27）年から開催されている「熱海海上花火大会」のように、熱海市内旅館組合や観光協会が主催する誘客イベントも増加していく。

このように、旅館経営者の努力によって、「有名な」もしくは、「あの」熱海温泉という圧倒的な知名度を確立した。

特に旅館内のエンターテインメントの数々は、1970年代までの社員旅行を筆頭としたマスツーリズムの需要に呼応した形で膨れ上がり、結果としていわゆる「囲い込み型旅館」と後年に非難されるように、チェックインからチェックアウトまで旅館から一歩も外出が不要な旅館が完成していく。

3. マスツーリズムの終焉と地域の変化

(1) 熱海市の人口特徴

熱海市の人口は1965（昭和40）年の5万4540人（国勢調査）をピークに減少に転じ、平成32年には3万4035人になると予想されている[6]。

さらに熱海市の人口構造の顕著な特徴は高齢化率の高さである。2009（平成21）年10月1日現在の人口の年齢別構成比を、熱海市の住民基本台帳登録者数と全国の人口構造とを比較すると、以下の図のようになる。熱海市の人口構造は、全国と比較して55歳以上で構成比がすべて上回りそれ以下の世代では下回っている。結果的に高齢化比率は37.4%（2010（平成22）年時点）と高く、人口減少の傾向と合わせて日本の人口問題を先取りした形状を示す。

2007〜2009（平成19〜21）年までの3年間の住民登録者の異動数をみると、

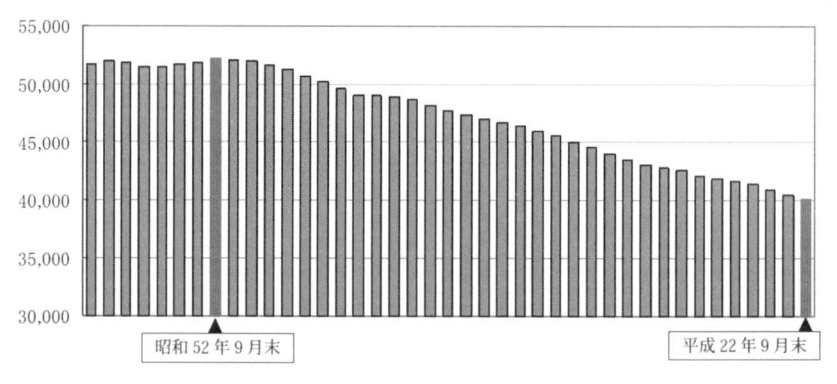

図4　熱海市住民基本台帳登録者数の推移

20歳代30歳代では、転出者数が転入者数を上回り社会減少しているのに対し、50歳代以上では、転入者数が転出者数を上回って社会増加が見られる。

当該報告書によると、若年層では進学・就職・結婚による転出が多く、50歳以降代では「家の新築・購入」や「熱海が好きだから」など、永住希望を想起させる転入理由が多い。これはリゾートマンションの戸数増加とともに、熱海市が2006（平成18）年度に「ニューライフ支援室」を設置するなど、移住促進に取り組んだ政策の効果といえる。熱海市の貴重な資源である温泉や自然などの環境に加えて、関東圏への通勤が可能な立地であることも移住者増加の大きな要因であると推察できる。

表2　年齢層別転入出者数（平成22年2月～平成23年1月）

	転出者数	転入者数	増減
20歳未満	268人	233人	▲35人
20歳以上30歳未満	482人	362人	▲120人
30歳以上40歳未満	308人	277人	▲31人
40歳以上50歳未満	193人	202人	9人
50歳以上60歳未満	153人	228人	75人
60歳以上70歳未満	243人	310人	67人
70歳以上	244人	282人	38人
	1891人	1894人	3人

出典）熱海市住民基本台帳異動データ。

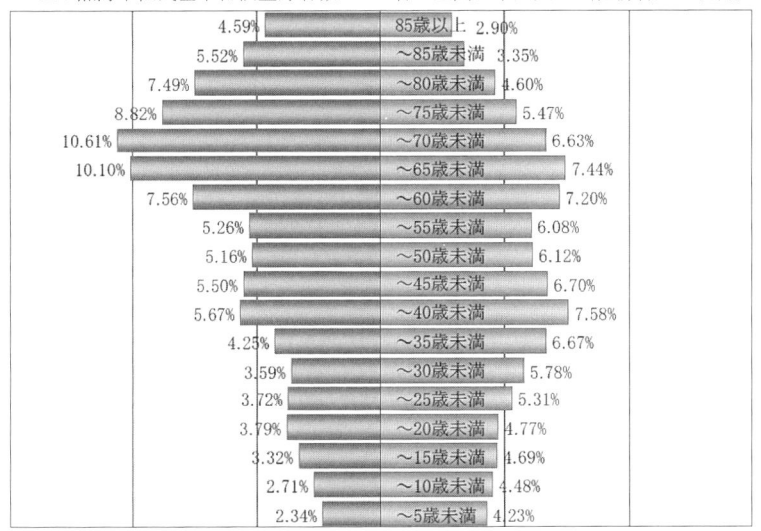

左：熱海市住民基本台帳登録者数　　右：全国日本人人口（総務省人口統計）

熱海市	年齢	全国
4.59%	85歳以上	2.90%
5.52%	～85歳未満	3.35%
7.49%	～80歳未満	4.60%
8.82%	～75歳未満	5.47%
10.61%	～70歳未満	6.63%
10.10%	～65歳未満	7.44%
7.56%	～60歳未満	7.20%
5.26%	～55歳未満	6.08%
5.16%	～50歳未満	6.12%
5.50%	～45歳未満	6.70%
5.67%	～40歳未満	7.58%
4.25%	～35歳未満	6.67%
3.59%	～30歳未満	5.78%
3.72%	～25歳未満	5.31%
3.79%	～20歳未満	4.77%
3.32%	～15歳未満	4.69%
2.71%	～10歳未満	4.48%
2.34%	～5歳未満	4.23%

図5　熱海市の人口構造

出典）熱海市（2010）「熱海市の人口動態に関する調査報告」p.4

(2) 熱海市の新たな観光行政

　熱海市では 2007（平成 19）年に「熱海市観光基本計画」が初めて策定された。

　その前年度の熱海の宿泊客数はピーク時である 1970 年代の約 55％にまで減少していた。当該基本計画では、その原因を①旅行者の旅行形態が団体宴会型から小グループ体験型に変化したこと、②交通インフラの整備やふるさと創生により各地で温泉資源が発掘されたことによる温泉観光地やリゾート観光地の拡散、③海外旅行の増加などによるものと分析した。また、観光地としての熱海が 1960~70 年代の高度経済成長期に成熟したため、その後の旅行者の求めるニーズの変化に迅速かつ的確に対応し切れなかったという都市計画上の側面についても言及している。

　さらに「これまで観光交流という視点で総合的・体系的な政策を打ち出してこなかったこと」との反省を踏まえ、「熱海の観光・まちづくりをもう一度輝かせるためには、観光地熱海の目指すべき姿を明確に示し、そこに向かってそれぞれの立場からアプローチするため行政はもとより市民・企業そして熱海を取り巻く多くの方々の協力・連携を進めていくことが不可欠である」と書かれている。

　当該基本計画における、熱海の目指すべき姿は「長期滞在型の世界の保養地－心と体を回復させる　現代の湯治場熱海－」であり、「熱海観光の原点である『温泉』にもう一度光を当てながら（中略）市民そして観光客にとって満足度の高い心と体を回復させる『現代の湯治場』という世界に開かれた保養地づくりを目指す」と書かれている。

　実現のための四つの柱として、I 温泉中心主義、II もう一度行きたくなる街、III 歩いて楽しい温泉保養地、IV 全員参加のまちおこしという基本方針が掲げられた。それまで観光産業を中心に進められてきた熱海市の観光行政が、市民との協同体制を築くための第一歩を示したことに、大きな変化が認められる。

4. 市民主導の「暮らしやすい熱海」の模索

(1) 観光振興からシティプロモーションへ

　熱海市では2013（平成25）年2月に「シティプロモーション基本指針」を策定し、将来都市像である「住むひとが誇りを　訪れるひとに感動　誰もが輝く楽園都市　熱海」を実現、都市イメージを向上させる施策に取り組み始めた。

　熱海市のシティプロモーションとは、「市内に有する様々な地域資源や優位性を発掘・編集することにより価値を高めると共に、市内外に効果的に訴求し、ヒト・モノ・カネ・情報を呼び込み、地域経済の活性化を図る一連の活動」[7]と定義される。

　これまでの観光情報の発信に加えて、定住や投資を促進するための情報公開や相談会の開催や地域ブランドの広報に取り組むほか、メディアとの良好な関係の構築に取り組むことを指針に掲げている。

　特筆すべき活動は、観光プロモーションの3年委託契約と、「ADさん、いらっしゃい」と名付けられたロケ支援サービスであろう。

　前者はこれまで単年度契約で実施されていた観光プロモーションを3年単位の契約に切り替えたものである。観光振興に対する予算決定の後、委託契約先の募集、コンペティションから委託先の選定、広報企画、実施という一連の流れで消費される時間と労力、諸経費が節約されるというメリットがある。さらに3年の間統一コンセプトで広報が継続されることは、市外のみならず市民に対してもイメージの浸透効果が高い。

　また後者の「ADさんいらっしゃい」は、市の観光経済課に専任担当者を配置し、番組の制作担当であるAD（アシスタントディレクター）等を24時間体制で支援し、番組誘致を行う施策である。もちろん、映像以外のメディアにも対応している。熱海市のホームページ内に、ADを支援するコンテンツを提示するとともに、ロケ先の情報提供に加えて、地元出演者との交渉や連絡調整、ロケ弁と呼ばれるスタッフや出演者の食事の手配などを無料でサポートする事業である。

熱海市に土地勘のない番組制作担当者に対して、番組の企画に見合う素材選定の段階から撮影時の許認可申請までを、担当者が一手に引き受けている[8]。

このような支援を実施することで多数の全国放送に熱海の多様な魅力を発信できること、都市イメージの向上につながるとの期待がかけられた。スタートした2012（平成24）年度に前年度対比2倍の62件、さらに翌年度からは100件を超える支援を実施した。これらのメディア露出が観光交流客数の増加にもつながっていると推察される。

また副次的効果として、市民がロケやドラマのエキストラとして参加することで結果的に市民によるプロモーションの機会が増えた。またそれによって当該事業への市民の理解が深まり、行政、企業、NPOなどさまざまな立場への理解や協力体制が浸透しつつある。

当該シティプロモーション事業は、市民が楽しみながら参加できる観光まちづくりの新たな形態としても評価できる。

(2) 事例：NPO法人atamista（アタミスタ）の活動

熱海温泉における市民参加プログラムを先導しているのは、NPO法人atamista（アタミスタ）である。

代表理事である市来広一郎は、高校時代まで熱海市で育ち、リアルタイムで旅館や保養所が撤退していく熱海の状況を見てきた。その後、世界中27カ国を旅した経験から、熱海は世界中のどんな都市にも負けない潜在的な魅力を持っていると実感し、東京でのコンサルティング企業を退職して2007（平成19）年に熱海に戻り、まちづくりへの第一歩を踏み出した。

熱海に戻る前に参加した「NPO法人　一新塾」で固めた「100年後を見据えた持続可能なまちづくり」が、市来の活動を支える活動のコンセプトである。

熱海に戻った年に、遊休農地の再生に向けた活動「里庭プロジェクト」を、翌年には交流体験プログラム「熱海温泉玉手箱（以下、オンたま）」を主催した。

オンたまとは、小規模の体験交流型イベントを集めて集中的に開催する「オンパク（別府八湯温泉泊覧会）」の手法を取り入れた着地型観光プログラムである。別府で始まったオンパクの手法は2007～9（平成19～21）年に経済産業省の支援を受けてモデル化され、現在は全国19カ所で同様の取り組みが行

われている[9]。

　熱海では、熱海市、熱海市観光協会との共催で2015(平成27)年まで開催した。プログラムに参加した市民や別荘の住民のなかには、熱海の魅力に触れた結果「パートナー」として企画側に立ち、ガイドとして活躍し始める人も多い。

　その後、市来は熱海のまちなかを再生することを目的に、民間まちづくり会社として株式会社machimori（まちもり）を設立し、2013（平成24）年には中心市街地である銀座商店街の空き店舗をリノベーションしたCafé RoCA（Renovation of Central Atamiの意）を開業、「海辺のあたみマルシェ」などのイベント開催を重ねた。また、2015（平成27）年9月にはSNSを使って投資家を募るクラウド・ファウンディングを活用して「ゲストハウス　まるや」を開業させた。

　市来がNPO法人atamistaを立ち上げた当初は、移住組と呼ばれるマンション住民や、別荘居住者が中心だったものの、時間を経るにつれて地元住民の参加者が増加したり、商店街の経営者たちの意識に変化が表れはじめたという。

　熱海が活性化するための活動のポイントは「継続」だと考え、「環境を変えることで行動が変わり、次に意識が変わる。僕たちがすることは、そのきっかけを作ること（市来）」と語る。街なかにコミュニティの場が生まれ、人や情報が集まるとともに、地域内外の方からの信頼も厚くなっていく。

写真5　ゲストハウス　まるや（株式会社machimori提供）

「ゲストハウス　まるや」は、「世界中を旅して、印象に残っているのは何日も滞在したゲストハウスでの旅人や地域の人とのふれあいだった。熱海にもそんな場所があると良い」と考えて作ったという。旅人と生活者の接点としての役割を担う「まるや」は、県内外から若者や学生などの参加者を募り、地元商店街の遊休不動産の活用方法をディスカッションし、最終日に参加者から土地所有者へプレゼンテーションを行う合宿制のリノベーションスクールを経て設計された。スクールの参加者は、「まるや」の企画から参加し、設営にも汗を流すことで、自然に熱海と「まるや」に愛着を持つ、そんな仕掛けでもある。

現在の熱海は、子育て世代である30歳代にとって今は少々暮らしにくいが、市来はそれを少しずつでも変えていきたいと考えている。「100年後も豊かな熱海をつくるために」という基本精神が市来の活動の原点である。

5. まとめ

本章では、熱海温泉におけるまちづくりの変遷を歴史的観点から整理した。

江戸時代に高級湯治場として発達した熱海は、時代の中で三回の大きな変革を遂げた。1980年代までは確かに日本の観光を牽引する役目を果たしてきた。

これまでの熱海温泉は、それぞれの時期に活躍した温泉旅館経営者と観光旅行者によって形作られた「温泉観光地」として認識され、その時々の景気や流行の元で評価されてきたのである。市民の暮らしは、観光による経済効果の元にのみ成り立ってきたと考えられてきたのかもしれない。

しかし現在、熱海温泉のまちづくりを担う「市民」が存在感を発揮し始めた。この「市民」は、熱海に長く住み続けてきた人に加え、移住者や別荘の住民など「旅人の目」を持つ人々である。まちの魅力を再確認し、新たな担い手となる市民を巻き込んだことで、熱海温泉はまさに新たな時代に向かう変革期に入ったと言える。

（大久保　あかね）

【注】
(1) 久保田美穂子（2000）『温泉地再生 地域の知恵が魅力を紡ぐ』学芸出版社。
(2) 熱海市（2015）「平成26年版 熱海市の観光」より、以下統計データはここから抜粋。
(3) データ出所：2010（平成22）年国勢調査。
(4) 熱海市（1968）「熱海市史」。
(5) 「第一、自賄　客人自ら食物を調へ、または下婢(げじょ)を雇うて調へしむるなり。第二、伺ひ(うかがひ)　客舎より三度三度調理すべき食物を客人に伺うて調ふる故の名なり。食物に好悪ある人、または毒絶ある人は面倒と入費の嵩む憂あれども、この二つの内を択まざるべからず。第三、宿賄(やどまかなひ)　賄料一日何程と定めて、客舎の適宜に食物を調へしむるなり。」と書かれている。
(6) 国立社会保障・人口問題研究所の将来人口推計（中間推計）による。
(7) 熱海市（2013）「シティプロモーション基本指針」p.4。
(8) ADさんいらっしゃい（http://www.city.atami.shizuoka.jp/page.php?p_id=970）。
(9) 2015年10月時点。ジャパン・オンパク公式ホームページより（http://japan.onpaku.jp/）。

【参考文献】
熱海市（1993）『ふれあいのまちリゾート熱海　新熱海市総合計画』。
熱海市（2010）『熱海市の人口動態に関する調査報告』。
熱海市（2013）『熱海市シティプロモーション計画指針』。
熱海市（2015）『平成26年版熱海市の観光』。
熱海市教育委員会（1963）『熱海』熱海市教育委員会。
熱海市史編纂委員会（1968）『熱海市史』熱海市役所。
熱海市史編纂委員会（1972）『熱海市史　資料編』熱海市役所。
久保田美穂子（2000）『温泉地再生　地域の知恵が魅力を紡ぐ』学芸出版社。
炭谷俊樹（2010）『ゼロから始める社会企業』日本産業協会マネジメントセンター。
樋口貞次郎（1891）『熱海温泉案内』気象万千楼。

【参考資料】
熱海市ホームページ（http://www.city.atami.shizuoka.jp）。
熱海市ホームページ「ADさん、いらっしゃい」（http://www.city.atami.shizuoka.jp/page.php?_id=970）。
一般社団法人ジャパンオンパク　ホームページ（http://japan.onpaku.jp）。
NPO法人 atamista ホームページ（http://atamista.com）。

（写真は2013年〜2015年、撮影）

終　章

　近年、外からたくさん人が訪れる、という現象のみが地域活性化として注目されることが多いなか、その「賑わいかた」に関わる観光のありかたを考えるため、本書では、まちづくりの歴史的考察をもとに、三つの異なる観光空間（中山間地域・都市・温泉地）における観光まちづくり事例を示すことにより、「観光」の捉え方や空間によって異なる多様な特性を内包する観光まちづくりの現状に対する検討を行った。

　本書で取り上げることができたのは、ごく限られた観光まちづくり空間ではあるが、「発地」側が主体となる観光のありかたとして内発的観光の展開へ向けた観光まちづくりの可能性に対する考察からは、つぎのような点が示された。

　まず、Ⅰ部（観光まちづくり概論）第1章では、「まちづくり」という特殊な用語・概念を「地域主義」というキーワードによって考察するとともに、現代まちづくりの課題と展望について示した。続く第2章では、内発性を促す仕掛けづくりとして挙げられた「人財育成」に対する検討が行われるなかで、「住民参加」に関わる問題点が示され、外部の視点を重視した「外来的観光まちづくり」から脱却し、地域の持続可能性を保証する仕組みづくりの必要性が指摘された。

　これらの論考をもとに、Ⅱ部（中山間地域における観光まちづくり）においては二つの事例研究を示した。まず、第3章「足助観光まちづくり再考」では、これまで観光まちづくり先進地として広く知られてきた事例紹介とは異なる視点から足助観光まちづくりを再考し、限られた地域や施設のみに注目が集まっていたため見えにくくなっていた足助地区全体における「観光」と「まちづくり」の関係性について、地域コミュニティを中心として考察を行った。さらに、第4章では、複数の自治体が関わることが多い「流域」を一つの観光資源（観光対象）として捉える視点から、大井川流域における観光実践を事例として、広域連携における多様な主体の関わりについて考察を行った。そして、この観光

実践が大井川という地域資源を共有する地域全体のまちづくりとなるための課題を示した。

　Ⅲ部（都市における観光まちづくり）第5章では、都市における観光対象の複雑性とともに、都市空間における観光対象の創出（生成）プロセスの特徴を明らかにするため、大都市東京を取り上げ、大手資本により開発されたシンボル的存在である東京スカイツリーを有する地域における観光まちづくりの取り組み事例をもとに、地域に観光という視点が加わることにより創発される観光まちづくりの可能性を示した。

　そして、Ⅳ部（温泉地における観光まちづくり）第6章では、「観光地」と呼ばれる観光空間のなかでも「温泉観光地」として広く知られてきた熱海温泉を有する熱海市におけるまちづくりの変遷に対する考察から、それぞれの時期に活躍した温泉旅館経営者を中心として行われてきたまちづくりが、住民を中心とした動きへと変化している様相について紹介することにより、熱海の観光まちづくり再考を行った。

　これらの章において共通するのは、地域資源の観光資源（観光対象）への変換プロセスに、地域の持続性を保証するまちづくりという概念がどれだけ入れられているか、つまり、観光を切り口として実践されるまちづくりを「内発的」というキーワードから捉えることであった。観光まちづくり空間における主体の関わりかたは観光対象の特性によってさまざまではあるが、「観光」と「まちづくり」合体のためには、観光まちづくり空間がまちづくりにおける主体形成の場となることが重要である。地域コミュニティとかけ離れた観光対象の創出（生成）を目指す観光振興策だけでは、「観光」は成立しても「まちづくり」とはならない。観光の特徴とされる非日常空間を創出しようとすれば観光装置が必要となるが、それが「外発的」なものである場合、まちづくりの主体となるべき住民は、外向けの観光振興策における観光対象の一部となるだけであることから、「観光」と「まちづくり」が合体することはできない。

　「観光地」と呼ばれている地域であっても住民にとっては生活の場であることから、観光まちづくりを目指す地域において重要となるのは、住民の関わりであり、持続可能な観光のありかたである。そのため、観光まちづくりには、

来訪者の捉えかた（経済的利益のみをもたらす「客」として捉えるかどうか）、さらには、その適正数も含めた幅広い議論が必要とされるであろう。

　「観光」も「まちづくり」も共に動的であることから、現時点においてもその動きは変化している。住民の内発性が創発される切り口として、観光まちづくりが総合的なまちづくりへ向かう動きとなるかは観光実践のありかたに依る。地域における観光実践は、地域内の社会関係の表出として来訪者に映ることから、観光まちづくりを目指す地域における観光実践には、訪れる側に対する地域の姿勢呈示（地域における観光のありかたを示すこと）も必要であろう。そうすることによって、観光まちづくりは、受け入れ側（地域）だけでなく、訪れる側（来訪者）の関わりをも含めた地域活動となっていくのではないだろうか。

（安福　恵美子）

索 引

〔アルファベット〕
AT21 倶楽部　72
E ボート　98,99,100,101
GTS 観光アートプロジェクト　119
NPC 運動　15
NPO 法人　25,34,37
NPO 法人 atamista（アタミスタ）　146
PDCA サイクル　25,26
SL 列車　93,102
The まちづくり View　21,22,28,29,30

〔ア　行〕
アート　118,119
アーバンツーリズム　110
愛知勤労者いこいの村　56,57
足助うちめぐり　72
あすけ里山ユースホステル　59,78
足助屋敷　56,58,59
熱海温泉玉手箱　146
熱海大火　139
あづちゃん　130
あやど高原民宿村　55,56,57,79
飯田市　16,21,22,23
池田町　15,16,17,22
インバウンド　109,117
内湯　137
エコツーリズム　3,94,97,98,100,103,114
大井川　92,93,94,95
大井川鐵道　93,94,95,96,98,102,104
大久保　113

大札山　99
大山町　15,22
押上　108,115,126
おしなりくん　126
おもてなし　50
温泉療養施設「噏滊館」　137
温泉観光地　134
オンパク　43,44

〔カ　行〕
外部者　40,41,42,43,45
外部人財　45,46,47,50,94,97,100
囲い込み型旅館　142
価値付与　7,61
神越渓谷もみじ谷プロジェクト　76
神山町　24,29
川根本町　92,93,94,97,98,100,103,105
河野健二　16,79
川の手　117
観光　1,127
観光開発　1,108,109,113,127
観光協会　34,35
観光空間　6,127
観光形態　2
観光交流　93
観光産業　1
観光資源　5
観光周遊圏　102
観光消費　111
観光対象　5

索引

観光対象の創出（生成） 6,113
観光のありかた 2
観光ボランティアガイド 73
観光立国 134
観光列車 93
キーパーソン 23,36,37,39,40,41,42,47
きかんしゃトーマス 93
季節集中型観光 66
気づき 26,40,41,42,43,44,45,47
共生関係 55
共同浴場 137
国立町（現国立市） 14
クラウド・ファウンディング 147
グリーンツーリズム 57,94
景観法 114
ゲストハウス 148
広域観光 102,103
公共事業 55,57
高度経済成長 15
神戸市真野地区 15
香嵐渓 54,55,56,57
交流人口 1,32,38,82
国際観光都市すみだ 108,109,115,120,121,125,127,128
国際観光温泉文化都市建設法 139
国土総合開発法 15
ご利益めぐり 73
金色夜叉 139
コンテンツツーリズム 114
コンベンション 111

〔サ 行〕
在 55,58,59,74,78,81
在（の地） 55
サスティナブル・ツーリズム 2
里庭プロジェクト 146
サブカルチャー 113
産業遺産 96,110
産業観光 97
三州足助ボランティアガイドの会 73
三州足助屋敷（足助屋敷） 56,61,62
仕掛け 40,43,45,46,47
静岡市 92,93,94,103
持続可能な観光 2
自治体学会 24
シティプロモーション 145
自分事化 34,42
島田市 92,93,103,105
社員旅行 142
住民参加 18,19,25,27,32,35
住民自治 13,14,20,35
重要伝統的建造物群保存地区 59
生涯学習 44,50,51
蒸気機関車 93,97
小グループ体験型 144
常民大学 17,23,28,30
昭和 96
昭和レトロ 96
人財育成 27,32,35,36,40
寸又峡温泉 94,95,98,105
墨田区 108,109,120-125
生活景観 96
接岨湖 98
専門人材 26,27
総合計画 56,57,58
ソーシャル・キャピタル 33,40,43,48,51

ソフト・ツーリズム　55,58,85

〔タ　行〕
滞在型観光地　105
第三の空間　112
玉野井芳郎　16,17,28,30
ダム　94,95
タワーツーリズム　128
たんころりん　71
団体宴会型　144
地域アイデンティティ　17,33,61,81
地域おこし協力隊　46
地域開発　15
地域学（地元学）　20,40
地域活性化　5,94
地域コミュニティ　12
地域資源　7,33,38,41,42,43,44,46,94,97,
　　　　100,101,104,102,105
地域社会研究会　15,16
地域主義　13,15,16,17,19,23,25,30,35,81
地域主義研究集談会　16,30,35
地域主導型観光　82
地域振興　1
地域の資源保全　2
地域の持続可能性　150
地域文化　61
小さな博物館　118
地方自治法　15
着地型観光　3,98,100,128
着地型観光プログラム　146
茶代　140
中間支援組織　46,47,50
中馬のおひなさん　71

東京スカイツリー　108-111,115,119-121,
　　　　126-129
湯治場　136
道路渋滞　67
十勝ワイン　15
都市イメージ　145
都市観光　110,111,113
観光空間　113
都市計画　12,26
都市計画法　13,14
都市三法　13
都市文化　113
豊田市合併　74

〔ナ　行〕
内発的　93
内発的観光　8,97
内発的な観光　125
内発的発展　7
内発的発展論　35
浪江虔　14,20,30
業平橋　108,115,126
西山卯三　79

〔ハ　行〕
場　7,38,39,40,46,49
ハード・ツーリズム　55,58,85
場所の物語　105
百年草　57,63
フィルムコミッション　97
別府八湯温泉泊覧会　146
ヘリテージツーリズム　97
ホテル・旅館　136

〔マ　行〕

増田四郎　13,14,16
マスツーリスト　93,128
マスツーリズム　2,4,140,142
まち歩き　118,119,124,125
街歩き観光　120
まちかど博物館　97,105,118
まち全国シンポ　15,16,17
まちづくり　1,13,15,17,19,23,24,25
まちづくり運動　15,17,19,20
まちづくり型観光地　62
町並み保存運動　15,56
学び　20,25,26,27,40,41,44,45
マニュアル　17,24,26
見世物観光　81
南アルプス　92,94,103
宮本常一　79
もてなし　44
盛り場空間　112

〔ヤ　行〕

山犬段〜沢口山　98
山里体験　58,79,81
湯戸　137
ユネスコエコパーク　103
湯布院　16,17,18,20,22,23,26
世直し観光　81

〔ラ　行〕

リーダー　32,36
リーダー論　27
リノベーション　147
リノベーションスクール　148
流域観光　92,104
寮・保養所　136
旅行業法の改正　3
歴史まちづくり法　114
ロケ支援　145

〔ワ　行〕

わくわく事業　74,76,77,78

【執筆者紹介】

安福 恵美子（編者）　序章、第3章1節(2)・2節(1)・3節(2)、終章を執筆。
愛知大学地域政策学部教授（観光社会学）。
『新しい観光と地域社会』（共編著）古今書院（2000年）。『ツーリズムと文化体験 －＜場＞の価値とそのマネジメントをめぐって－』流通経済大学出版会（2006年）。

岩崎 正弥　第1章、第2章、第3章1節(1)・2節(2)・3節(1)を執筆。
愛知大学地域政策学部教授（地域学）。
『農本思想の社会史－生活と国体の交錯』京都大学学術出版会（1997年）。『場の教育－「土地に根ざす学び」の水脈』（共著）農文協（2010年）。

大久保 あかね　第6章を執筆。
常葉大学経営学部教授（観光学、宿泊産業論）。
「近代旅館の発展過程における接遇（もてなし）文化の変遷」『観光文化』217号、公益財団法人日本交通公社（2013年）。「会津「麗の食スタイル」による震災復興」藤野公孝・高橋一夫編著『CSV観光ビジネス 地域とともに価値をつくる』学芸出版社（2013年）。

天野 景太　第4章、第5章を執筆。
大阪市立大学大学院文学研究科アジア都市文化学専攻准教授（社会学、観光学）。
「盛り場空間の文化生態学－アーバニズムの下位文化理論から捉えた東京・渋谷」川崎嘉元・新原道信編『東京の社会変動』中央大学出版部（2015年）。「景観展望観光の歴史とその特色－日本の大都市におけるタワーツーリズムの展開を中心として」『日本観光学会誌』第48号、日本観光学会（2007年）。

書　名	地域づくり叢書6 「観光まちづくり」再考　－内発的観光の展開へ向けて－
コード	ISBN978-4-7722-3178-7　C3336
発行日	2016年3月30日　初版第1刷発行
編著者	安福　恵美子 Copyright　© 2016 YASUFUKU Emiko
発行者	株式会社古今書院　橋本寿資
印刷所	太平印刷社
発行所	（株）古 今 書 院 〒101-0062　東京都千代田区神田駿河台2-10
電　話	03-3291-2757
ＦＡＸ	03-3233-0303
ＵＲＬ	http://www.kokon.co.jp/ 検印省略・Printed in Japan

いろんな本をご覧ください
古今書院のホームページ

http://www.kokon.co.jp/

★ 700点以上の**新刊・既刊書**の内容・目次を写真入りでくわしく紹介
★ 地球科学やGIS, 教育など**ジャンル別**のおすすめ本をリストアップ
★ **月刊『地理』** 最新号・バックナンバーの特集概要と目次を掲載
★ 書名・著者・目次・内容紹介などあらゆる語句に対応した**検索機能**

古 今 書 院
〒101-0062　東京都千代田区神田駿河台 2-10

TEL 03-3291-2757　　FAX 03-3233-0303

☆メールでのご注文は　order@kokon.co.jp へ